AF232644

ÉPISODE DE 1815

SOUVENIRS D'UN ÉCOLIER

DE L'IMPRIMERIE DE PILLET FILS AINÉ,
7, rue des Grands-Augustins.

ÉPISODE DE 1815

SOUVENIRS D'UN ÉCOLIER

PAR

P. M. BAINVEL
Curé de Sèvres.

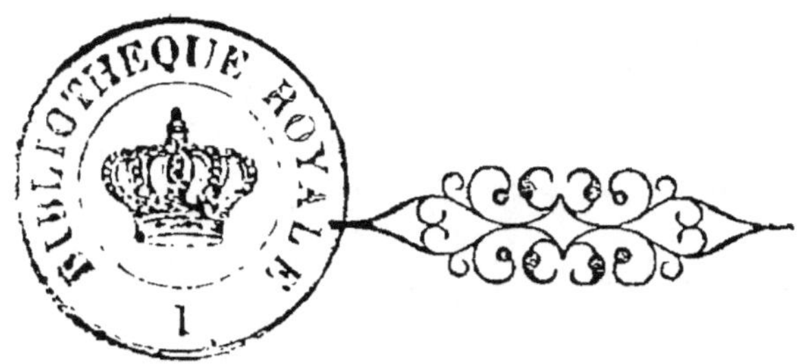

PARIS
IMPRIMERIE-LIBRAIRIE DE PILLET FILS AÎNÉ
7, RUE DES GRANDS-AUGUSTINS

1846

SOUVENIRS D'UN ÉCOLIER.

CHAPITRE PREMIER.
Le Collége de Vannes.

> O ma sainte patrie! ô Bretagne adorée!
> Tes nobles fils, errant de contrée en contrée,
> Quel que soit leur destin, te regrettent partout;
> Car l'autel de l'honneur chez toi reste debout .
>
> TURQUETY.

LA BRETAGNE ET LE MORBIHAN. — LES DOLMENS DE CARNAC. — VANNES; ANTIQUITÉ DE CETTE VILLE. — FONDATION DU COLLÉGE DE VANNES EN 1575. — SON HISTOIRE JUSQU'A NOS JOURS.

L'année 1815 donnera à l'histoire de la France de longues et tristes pages! La nation bouleversée par les discordes et la guerre civiles; la perte d'une grande bataille; une deuxième invasion par l'Europe coalisée; la patrie humiliée, amoindrie, dépouillée et livrée désarmée à des vainqueurs irrités; un vieux roi remontant sur un trône à demi brisé; un empereur, qui fut le maître du monde, enchaîné pour mourir sur un rocher lointain que battent les flots d'une mer implacable; que porter qu'un vieux manteau, que des vêtements usés? Il est vrai, Vannes n'est pas le siége d'une cour royale, d'une division militaire; cette ville n'est ni la tête ni la queue d'un chemin de fer; mais est-il permis d'ignorer que Vannes a été une puissante république, alors même que Paris n'était rien ; qu'elle était la maîtresse de l'Océan, alors que l'Angleterre était à peine habitée, qu'elle a vaincu des légions romaines, qu'elle n'a succombé sous les efforts de César, qu'après la Gaule vaincue? Est-il juste de passer sous silence les mémorables pages des commentaires qui racontent si éloquemment sa puissance, sa grandeur, son courage et sa chute?

Vannes redevint plus tard la capitale d'un royaume contemporain, de celui de Clovis ; c'est du port de Vannes que partit, en 1485, Henri VII d'Angleterre, pour aller reconquérir son royaume usurpé par Richard III, l'assassin des enfans d'Édouard. Pendant un siècle, cette ville a été le siége du Parlement, et c'est dans ses murs que fut décidée, en 1532, la réunion définitive de la Bretagne à la France ; précieuse réunion, car désormais la France aura de puissantes flottes pour la guerre et pour le commerce ! Qu'on cesse donc de reprocher à une des plus antiques et des plus illustres villes de l'Europe, ses vieux édifices et ses sombres quartiers! il y a bien des villes qui donneraient leurs plus belles rues, leurs plus belles places, pour avoir une aussi glorieuse origine, une aussi majestueuse antiquité.

Le collége de Vannes, lui aussi, n'est pas d'hier; il fut fondé en 1575, sous l'épiscopat de Louis Delahaie, quatre-vingt-quatrième évêque de Vannes, par Réné, seigneur d'Arradon, afin , est-il dit dans l'acte de fondation, *que la jeunesse bretonne ne soit plus obligée d'aller chercher au loin la science et la connaissance des lettres.*

Ce collége devint en peu d'années si important, que les pères de la compagnie de Jésus en obtinrent la direction en 1631. Trente ans après, on jeta les fondements de cette belle église du collége, achevée en 1655, grâce à la pieuse générosité de Mlle de Francheville, qui dota aussi la ville de plusieurs autres édifices religieux. Comment se fait-il que les restes mortels de cette femme si bienfaisante, si charitable, ne trouvent pas dans une ville, où sa mémoire est encore bénie, une sépulture plus convenable que l'orangerie du Palais-de-Justice? Plus heureux, le célèbre père Huby, mort à Vannes en 1693, repose dans les caveaux de l'église du collége, qu'il édifia par sa science et ses vertus.

Après la suppression des jésuites, qui avaient un noviciat dans cette maison, la direction du collége fut confiée à des prêtres séculiers. Sous le règne de Louis XVI, on y établit une école royale de marine qui a subsisté jusqu'à la révolution.

Pendant les grandes guerres civiles qui ont agité la Bretagne de 1792 à 1802, le collége, changé en prytanée, fut presque anéanti. Cependant la suppression des couvents lui procura une bibliothèque, composée de dix mille volumes. Après le concordat, il recouvra de suite sa première splendeur, et, en peu de temps, il compta de sept à huit cents élèves. Il eut à cette époque, pour principal, l'abbé Pasco, professeur de rhétorique avant la révolution, mort curé de Saint-Patern de Vannes et vicaire-général. C'était un homme supérieur par ses vertus et son éloquence. Son successeur fut M. Jéhanno, principal du collége au moment de l'insurrection de 1815.

Pendant cette longue suite d'années, le collége a compté des élèves du plus haut mérite, et la liste des personnages remarquables qui en sont sortis serait longue, depuis Lesage, l'immortel auteur de *Gil Blas*, jusqu'à Billault, l'éloquent député breton, jusqu'au père Arthur Martin, le savant archéologue.

Comme les colléges Bourbon et Charlemagne, à Paris, celui de Vannes n'avait que des élèves externes. Les études classiques y étaient fortes et solides; deux fois par jour, à l'issue du cours du collége, des répétitions données par de savants professeurs doublaient ainsi la valeur des études.

Quant à l'éducation, la religion, avec ses fréquentes et ses plus pieuses pratiques, en était la base et la règle.

Le principal et les professeurs, sous le rapport religieux, donnaient l'exemple aux élèves. Le collége avait alors pour aumônier le savant abbé Mahé, l'auteur *Des Recherches sur le Morbihan*; ses précieuses conférences sur l'Ancien et le Nouveau-Testament produisaient sur les élèves un effet merveilleux, et implantaient dans leurs âmes une foi robuste, que venaient éclairer et consolider encore les savantes instructions de M. Le Gal, vénérable supérieur du grand séminaire.

A côté de tout cela régnait aussi, il faut bien le dire, un peu de cet esprit breton fier, brusque, impatient et guerrier : 1815 l'a bien prouvé. D'anciennes traditions parlaient de luttes soutenues autrefois contre les gabelles, sous les règnes de Louis XIV et Louis XV, et dans les années de l'empire même, des rixes très-graves ont été plusieurs fois mortelles. Les jeux des élèves se ressentaient du caractère breton; ceux que l'on préférait étaient les exercices du corps : la *soule*, espèce de lutte et de combat entre deux partis ennemis, et où il y avait toujours quelqu'un de blessé ; le jeu de barres, où couraient à la fois plusieurs centaines de jeunes gens; la natation, la chasse et la pêche, mais la pêche, avec tous ses dangers sur l'Océan, avaient de fidèles et ardents prosélytes.

Que dire de l'esprit politique du collége? Pendant le régime impérial, tout le monde se taisait et pour cause ; on célébrait même, en vers et en prose, les triomphes et la gloire de Napoléon... Mais on avait en horreur la conscription et le régime du sabre ; la conscription surtout, qui ne laissait à la jeunesse bretonne que la cruelle alternative d'être prêtre ou soldat. Un triste et affreux spectacle qui se renouvelait toutes les semaines, sous les yeux des collégiens, n'était pas fait pour leur inspirer l'amour de ce gouvernement, ou pour les réconcilier avec lui. C'était à la porte même du collége que l'on vendait à l'encan les effets mobiliers, les instruments aratoires et les animaux domestiques des parents qui avaient des fils réfractaires. Cette tyrannie, ce cruel abus du pouvoir, rendant responsables pour leurs enfants les malheureux pères et mères, dans leurs biens et leur liberté, faisaient apparaître cruel, odieux, insupportable, le despotisme impérial, même avec toute sa gloire et ses grandeurs.

La restauration fut donc saluée avec enthousiasme par nous, les fils des victimes des réactions républicaines et impériales; tout le collége se réveilla royaliste; quel heureux avenir nous apparut avec le retour des Bourbons!

Plus de conscription! on pourra donc désormais librement choisir une carrière, entrer dans la vie avec l'espérance de pouvoir, à son gré, se créer une existence qui ne sera pas imposée, ou près de l'autel, ou dans les camps. Les rois pour lesquels avaient combattu nos pères allaient donc régner sur nous.

La paix, que nous n'avions jamais connue que dans les livres, arrivait donc enfin pour laisser respirer et reposer des populations épuisées par les sanglantes guerres de la chouannerie, ou par l'inexorable conscription, et avec la paix, une Charte et des libertés pour un peuple opprimé par des baïonnettes fanatiques ou des sénatus-consultes impitoyables.

Le duc d'Angoulême visitait alors la Bretagne. Pour célébrer son entrée à Vannes, le collége s'organisa quasi-militairement. Ce fut à cette occasion qu'il se donna un drapeau portant pour devise : *Pro Deo et rege. Pour Dieu et le Roi.* Il y eut grande concurrence pour obtenir l'honneur de le porter. M. de Sivry, qui a été depuis député du Morbihan, s'était mis sur les rangs; son concurrent ne l'emporta que d'une voix. Qui alors aurait pu prévoir que ce drapeau deviendrait sous peu un véritable étendard guerrier, que cette blanche bannière serait rougie du sang de nos condisciples, et que ces manœuvres militaires auxquelles nous nous exercions pour des fêtes et des jeux serviraient bientôt à nous garantir de la mort sur des champs de bataille? *L'homme s'agite et Dieu le mène!*

A cette même époque des premiers jours de la restauration, une autre circonstance vint aussi fortement réagir sur nos âmes et raviver encore l'esprit royaliste que nous avions sucé avec le lait.

Depuis bientôt vingt années gisaient, à peine couverts d'un peu de terre et dans des lieux solitaires regardés comme néfastes, les ossements des principaux chefs de la malheureuse expédition de Quiberon qui avaient été fusillés à Vannes. Une commission militaire les avait envoyés à la mort par centaines, et les plus illustres personnages avaient ainsi péri. Le jeune de Sombreuil, si beau, si brave et si généreux, que, pour sauver son armée il s'était exclu *lui seul* de la capitulation ; le vénérable De Hercé, évêque de Dol, qui avait voulu revoir son troupeau au péril de sa vie, étaient ainsi tombés sous le plomb révolutionnaire, et avec eux l'élite de la marine française et les plus glorieux noms de l'ancienne monarchie. De retour dans leur patrie, qu'ils voulaient délivrer de la tyrannie républicaine, ils avaient rencontré la mort, mais ils n'avaient pas trouvé de tombeau ! Depuis près de vingt ans, ces ossements dispersés et blanchis demandaient à la religion, à la terre natale une sépulture chrétienne, une tombe moins déshonorée.

Oh! qu'elle fut touchante cette cérémonie funèbre ! lorsque du haut de la chaire, aux pieds de laquelle étaient amoncelés des cercueils renfermant les débris recueillis çà et là de ces victimes des discordes civiles, l'évêque de Vannes, M. de Beausset, fit entendre ces paroles du Psalmiste : *Et exultabunt ossa humiliata. Et ces os humiliés vont se relever de la poussière.* Quand il montra, attachée à sa poitrine, la croix épiscopale que la balle meurtrière avait respectée sur le cœur expirant de l'évêque de Dol, un sentiment inexprimable, ineffaçable s'empara de nos jeunes cœurs..... En voyant ces tardifs, mais légitimes honneurs rendus à des dévouements si longtemps insultés et méconnus, rien ne nous parut plus beau , plus héroïque que la devise de la Bretagne : *Potiùs mori quam fœdari!* Plutôt mourir que de se déshonorer !

En parlant des sentiments et des opinions du collége de Vannes à cette époque de 1815, un écrivain a avancé que *nous étions imbus d'idées semi-républicaines qui commencèrent à poindre plus tard dans nos conciliabules; que nous étions comme une petite république.* Ces assertions ont soulevé de vives et justes réclamations. Non , toutes les pages et toutes les citations de Tacite n'ont été pour rien dans l'insurrection de 1815 ; non , le collége ne fut jamais ni républicain, ni semi-républicain.

Nous étions royalistes, royalistes avec les Bourbons et la Charte. Le serment que nous avons prêté, la devise de notre drapeau , la cause que nous avons défendue au prix de notre vie , et toute notre conduite le prouvent assez. Certes, il y avait de l'indépendance dans notre caractère breton , beaucoup d'ardeur dans nos jeunes têtes, beaucoup d'enthousiasme dans nos cœurs ; la jeunesse sent vivement ! mais c'est par principe et conviction royalistes que nous avons pris les armes ; nous voulions combattre pour la religion , pour le roi, contre le despotisme impérial et pour le maintien des libertés acquises par le retour de Louis XVIII ; tout autre sentiment, tout autre but nous ont été étrangers.

Voici ce qui se passa, lorsque, après la prise d'armes, nous entendîmes chanter pour la première fois le *Domine salvum fac regem* , c'était le 28 mai , premier dimanche de la Fête-Dieu, nous étions, je crois, à Plaudren, on y célébra la messe pour l'armée; la compagnie des écoliers seule entra en armes dans l'église pour escorter l'état-major; au moment où nous entendîmes chanter la prière pour le roi , ce *Domine salvum fac regem* proscrit comme le roi de France depuis le 20 mars, des larmes coulèrent de nos yeux , et après l'avoir chantée, cette royale prière, avec une indicible émotion, nous la terminâmes par un cri général de Vive le roi ! avec un tel entraînement que les chefs le partagèrent et que ce cri si cher à nos cœurs alla se propager et se répéter jusqu'aux derniers rangs des soldats et des paysans.

Telles ont été toujours nos convictions ; aussi quand on apprit le retour de l'île d'Elbe, le collége demanda aussitôt à marcher pour la défense du trône des Bourbons.

Le trop rapide triomphe de Napoléon arrêta ce premier élan , et près d'un mois s'écoula avant que nous pûmes réaliser notre désir de combattre pour le roi, la liberté et la Charte ; mais ce mois fut un rude apprentissage et un temps de cruelles épreuves. Pauvres écoliers qui s'avisent de montrer du dévouement et de la fidélité à un roi détrôné, à un gouvernement écroulé ! il n'y a qu'en Basse-Bretagne que l'on fait de pareilles choses!!!

CHAPITRE II.

L'Insurrection.

> Pendant les Cent-Jours, dans la terre
> du royalisme, apparaît une armée d'en-
> fans : les vieux avaient vingt ans; les
> jeunes en avaient quinze. Tout ce qui se
> trouvait entre ces deux âges, parmi les
> élèves du collége de Vannes, échangea
> ce qu'on peut posséder au collége de
> quelque valeur contre des armes, et
> coururent au combat. Quinze ou vingt
> élèves furent tués. Les mères apprirent
> le danger en apprenant la mort et la
> gloire.   (CHATEAUBRIAND.)

LE 20 MARS. — LES ÉCOLIERS EN ÉTAT DE SUSPICION. — IMPRUDENCES DES ÉLÈVES. — LES FLEURS DE LIS SUP- PRIMÉES. — L'ÉLÈVE LE MANACH. — PERSÉCUTIONS ET INQUIÉTUDES. — LE COMITÉ, LE SERMENT, LA POUDRE ET LES ARMES. — M. DE MARGADEL. — DEUX ÉCOLIERS EN PRISON. — LE DÉPART DU COLLÉGE.

La nouvelle du retour de l'île d'Elbe consterna les populations bretonnes ; elles étaient si heureuses de la paix après vingt ans de guerres intestines et étrangères, et une longue paix leur était si nécessaire ! Dès les pre- miers moments l'insurrection fut résolue, la résistance fut décidée ; le gouvernement impérial n'ignora pas ces dispositions de tous les esprits, car le Morbihan fut de suite couvert de troupes.

La manifestation faite par le collége, en demandant d'aller combattre Napoléon, le plaça nécessairement vis-à-vis du gouvernement en état d'hostilité , et auprès des nouvelles autorités en état de suspicion. Des imprudences que nous ne sûmes pas éviter, contribuèrent à attirer sur nous une grande surveillance et le mauvais vouloir de toute l'administration; il fut dès-lors question de dissoudre le collége ; mais on recula devant cette mesure dans la crainte de donner, en renvoyant les élèves, des chefs à l'insurrection des campagnes.

Il faut bien que nous donnions ici une idée aussi juste que possible des opinions et des sentiments qui nous dominaient à cette époque du 20 mars ; en nous laissant entraîner à nos souvenirs, nous ne voulons pas soulever des questions politiques, nous racontons des faits.

Napoléon, en revenant de l'île d'Elbe pour renverser les Bourbons, n'était plus pour nous qu'un ambitieux, qu'un usurpateur. Tout l'éclat de ses triomphes et de ses victoires s'était effacé à nos yeux ; tout ce qui avait été dit contre lui nous apparaissait comme une vérité incontestable. Il avait rétabli la religion ; mais n'était-ce pas comme un moyen de gouvernement, puisque depuis il avait déchiré le pacte religieux en portant ses mains sur l'oint du Seigneur? n'avait-il pas arraché de Rome, traîné de prison en prison le chef de l'Église? L'excommunication dont le souverain pontife l'avait frappé nous le faisait regarder comme un second *Julien l'Apostat.* Pour satisfaire son ambition, il ne craignait pas de compromettre l'avenir de la France, d'appeler de nouveau les armées coalisées; il nous rapportait la guerre et nous replaçait encore sous les coups de la conscription et du régime du sabre ; il venait enfin renverser un roi que nous aimions, parce qu'il était petit-fils de saint Louis et d'Henri IV, le légitime successeur de soixante-dix rois ! Nous ne nous occupions pas de savoir si le gouvernement royal avait ou n'avait pas fait de fautes, nous prenions à la lettre la fameuse proclamation du maréchal Soult, quelques jours auparavant au milieu des Bretons, dans laquelle Louis XVIII était appelé le *Père de la patrie* et Napoléon un *aventurier*.

Voilà comme nous pensions, et voici comme nous avons agi. Chaque jour nous marchâmes d'imprudences en imprudences. Sept à huit cents jeunes têtes exaltées pouvaient-elles avoir sagesse et prudence? On décida d'abord que personne ne chanterait le *Salvum fac imperatorem*. Cette défense fut si rigoureusement maintenue, que les quelques élèves qui ne partageaient pas les convictions générales, pensèrent qu'il était très-prudent de se taire, après avoir acquis la certitude qu'ils ne violeraient pas impunément le silence imposé à tous.

Quand l'ordre arriva de supprimer les fleurs de lis qui ornaient les décorations des différentes classes, il s'éleva une rumeur générale et les nouvelles décorations aux armes impériales furent refusées et repoussées avec dédain.

Dans le même temps, quelques-uns des professeurs laïques s'étant présentés devant les élèves avec la cocarde tricolore furent accueillis par des huées et des moqueries. Un d'eux surtout, qui avait cru devoir persister, malgré toutes nos démonstrations, à porter cette cocarde, ayant eu la maladresse de laisser tomber son chapeau, vit en un moment sa malheureuse coiffure mise en pièces et disparaître en lambeaux. C'est ainsi que, par notre conduite inconsidérée, nous donnions à l'autorité, non-seulement des prétextes, mais le droit de nous surveiller avec sévérité. Cependant les avis de nos maîtres ne nous manquaient pas. Ce fut sans doute pour nous punir de ces imprudentes résistances que l'on fit peindre sur la grande porte du collège *une aigle monstre*, plus de quatre fois grande comme nature. Au point de vue de l'art ce n'était pas merveilleux, mais comme emblème politique elle nous inspirait de l'horreur..... Pauvre aigle, les jours de ta gloire et de ta splendeur étaient passés! Cette œuvre avait été terminée en vingt-quatre heures, pendant un jour de congé. Le jour suivant, à la vue de ce fantastique oiseau, dont à l'instant nous comprîmes toute la signification, un sentiment de stupeur, d'indignation, s'empara de tous les écoliers. On se mit à le maudire en toutes les langues : en grec, en bas-breton, en latin, en français, en prose et en vers. Les uns disaient ces vers de l'Énéide :

Tristius haud illis monstrum nec sævior ulla
Pestis et ira Deum Stygiis sese extulit undis.

D'autres ces beaux vers de Racine :

Sa croupe se recourbe en replis tortueux, etc.

Ou ceux de Boileau dans le *Lutrin* :

La voilà donc... cette hydre épouvantable,
Que m'a fait voir un songe, hélas ! trop véritable.
. . . .
Je le vois ce dragon tout prêt à m'égorger, etc., etc.

L'indignation ne s'en tint pas aux paroles, et la vengeance ne se fit pas attendre. La consigne est donnée ; aussitôt chaque élève en passant sous la porte adresse une poignée de boue, ramassée à la hâte de tous côtés, au malheureux oiseau, qui disparaît bientôt à tous les yeux, non pas dans son vol audacieux vers les nuages, mais piteusement enseveli sous un monceau d'ordures.

Le lendemain il reparaît nettoyé et dégagé de sa honteuse enveloppe, mais gardé maintenant par deux factionnaires et protégé par un poste de soldats. Malgré ces précautions, l'aigle ne put cependant échapper encore, tant était grande notre exaspération, à des immersions d'encre lancées audacieusement par de malins et adroits écoliers, et l'aigle, quoi qu'on fît, resta maculée et barbouillée. L'acte additionnel eut le même sort ; on le déchira, on le barbouilla d'encre partout où il fut placardé dans le collége.

C'était jouer gros jeu ! aussi tant d'étourderies firent éclater enfin un terrible orage qui se termina par une sanglante catastrophe.

Quelques écoliers commirent l'imprudence de porter

des fleurs blanches à la boutonnière de leur habit, et de traverser ainsi la grande place au moment où un régiment y était réuni pour l'appel du soir ; les malheureux jeunes gens sont remarqués, sans doute par ceux qui quelques jours auparavant avaient porté des violettes en signe de ralliement ; ils sont aussitôt assaillis et l'un deux ne put s'échapper. On le saisit, on le conduit à la prison de l'Hôtel-de-Ville. Là, un officier de gendarmerie et un agent de la police se jettent avec fureur sur lui, le renversent, le foulent à leurs pieds en l'accablant d'injures, et en lui donnant sur la figure, sur la poitrine des coups de talons de bottes.... L'infortuné est mourant, il vomit des flots de sang, il est sans connaissance et presque privé de la vie ; le principal du collége arrive enfin pour réclamer ce malheureux élève ; on l'arrache avec peine à ses bourreaux pour le transporter dans une autre prison où on le jette sans secours, sans consolation, sans protection au milieu de voleurs et de bandits.

Huit mortels jours se passèrent ainsi pour notre malheureux condisciple dans une affreuse agonie, et pour les élèves du collége dans une grande consternation ; nous n'entendions autour de nous que les mots de cour d'assises, de galères, de conseils de guerres et d'ordres très-sévères transmis par le télégraphe.

Si on avait voulu terrifier et humilier le collége, on n'avait que trop bien réussi, et la fin du drame sera digne du commencement. Tout à coup l'ordre est donné aux élèves de se réunir dans la grande cour; que va-t-il se passer? A la triste physionomie de nos professeurs, à leur air inquiet et consterné, on devine qu'il va arriver quelque chose de terrible. On voit apparaître en effet, escorté par un fort détachement de soldats et de gendarmes, notre malheureux condisciple Le Manach, à peine reconnaissable tant il avait souffert. On lui avait promis la liberté à la condition de crier Vive l'Empereur en présence de tout le collége ; le brave jeune homme avait répondu qu'il préférait la mort! Enfin, par une dernière décision, il avait été arrêté que Le Manach serait chassé ignominieusement du collége, et à tout jamais exclu de tous les établissements de l'université ; qu'il serait soldat de droit et reconduit de brigade en brigade dans le sein de sa famille, en attendant sa feuille de route pour rejoindre un corps.

C'était pour être témoins de l'exécution de ce jugement qu'on nous avait réunis ; tout ce protocole fut lu au milieu d'un silence de mort. Mais Le Manach, épuisé et presque défaillant, veut dire un dernier adieu à ses camarades, il se précipite au milieu d'eux, tous pleurent avec lui, on lui presse les mains, ses amis les plus chers peuvent l'embrasser..... ; on redoute l'effet d'une scène si dramatique, on se hâte de l'arracher aux caresses de ses amis pour l'exiler dans sa famille, où la haine et la vengeance le poursuivront encore..... Aujourd'hui, ce courageux écolier de 1815 prêche l'oubli et le pardon des injures, aux lieux mêmes de son injuste persécution !

Cependant cette justice à la turque, y compris la bastonnade, fut une salutaire leçon pour les collégiens. Les yeux s'ouvrirent enfin pour apercevoir le précipice, pour apprécier la gravité de la position que nous nous étions faite en nous jouant avec le danger, et en nous exposant ainsi à toutes les rigueurs d'un gouvernement militaire ; on commença enfin à donner de l'importance aux représentations jusqu'alors dédaignées du principal et des professeurs que nous avions rendus si malheureux par nos manifestations indiscrètes.

Dans ces circonstances devenues si graves et si dangereuses, notre dévouement à la cause royale ne fit qu'accroître et prendre de nouvelles forces dans tous les cœurs. Mais tout naturellement on consulte les élèves exerçant de l'influence sur leurs condisciples. Les conseils, les décisions données par eux font autorité. On exige la plus grande prudence, toute manifestation compromettante est interdite ; ces défenses sont accueillies avec empressement, avec déférence, et toutes les mesures qu'ils prescrivent sont complétement adoptées. C'est ainsi que se trouva formé et constitué le comité directeur d'une conspiration qui ne demandait qu'à être organisée et régularisée, et qu'un calme apparent trompa l'autorité. Ce comité fut composé de deux élèves qui venaient de commencer leur théologie, de deux philosophes, de deux rhétoriciens et de deux ou trois autres élèves choisis dans les classes inférieures. Après s'être liés entre eux par un serment d'honneur, ils acceptent courageusement la responsabilité d'une position qui faisait peser sur leurs têtes une sentence de mort, et qui mettait à leur merci la vie et l'avenir de cinq cents de leurs camarades. Ce jour était le 25 avril 1815. Le comité se mit aussitôt à l'œuvre.

Les campagnes les plus retirées, les bois, les landes, quelquefois aussi une barque isolée sur les flots, étaient les lieux choisis pour se réunir et se concerter ; les heures de la nuit, les temps de pluies et d'orages étaient adoptés de préférence pour ces fréquentes et dangereuses réunions. C'est un métier dur que celui de conspirateur !

L'insurrection armée, au moment de la levée des boucliers dans le Morbihan, fut décidée de prime-abord et résolue à l'unanimité; il s'agissait maintenant de préparer les moyens et de prendre les mesures pour réussir; nous entreprîmes cette tâche de bon cœur, résolus à ne pas nous arrêter devant les difficultés. Mais chaque jour, chaque heure qui s'écoulaient aggravaient nos dangers, nos inquiétudes et notre si effrayante responsabilité. Ceux des élèves dont le dévouement était connu furent les premiers initiés à ces projets d'insurrection armée, et chargés de recruter dans les différentes classes, chacun suivant la mesure de sa capacité et de son influence, un certain nombre de leurs condisciples. Au fur et à mesure qu'un écolier avait consenti à faire partie de la conspiration, on lui faisait solennellement prêter serment. Dans une maison qui offrait toutes les conditions de sécurité, on avait préparé pour cette cérémonie une espèce d'autel surmonté d'un Christ, aux pieds duquel était un médaillon représentant Louis XVIII. Appelé séparément, chaque élève, à genoux et la main sur le crucifix, s'engageait par le serment suivant :

« Je jure devant Dieu et sur l'image sacrée du roi,
« d'être fidèle et dévoué au roi Louis XVIII et à ses suc-
« cesseurs, de répandre jusqu'à la dernière goutte de
« mon sang pour défendre ses droits et sa cause, de
« plutôt mourir que de jamais abandonner mes cama-
« rades et de garder le secret le plus inviolable envers
« et contre tous. »

Le succès surpassa toutes les prévisions; grands et petits accouraient à l'envi prêter ce serment auquel tous ont été fidèles. Le collége tout entier, à l'exception des enfants au-dessous de quinze ans, ne pensa plus qu'à se préparer aux combats et qu'à se procurer des armes.

L'ordre fut donné de suivre avec la plus grande attention les exercices et les évolutions militaires de la nombreuse garnison, de s'exercer au maniement des armes et de se procurer de la poudre et des fusils; aussitôt les voilà tous, qui veulent vendre à tout prix leurs livres, leurs montres, leurs effets précieux pour acheter un fusil quelconque. On environnait de toutes espèces de séduc-tions les soldats qui logeaient chez les habitants pour en obtenir de la poudre; on passait les nuits à fondre des balles, à confectionner des cartouches; les membres du comité purent se procurer une assez grande quantité de fusils par l'entremise d'un armurier dévoué à notre cause.

Comment toutes ces manœuvres ne furent-elles pas découvertes? L'ange du collége veillait sans doute sur ces pauvres jeunes gens que l'on croyait abattus et vaincus, et les préoccupations des grands événements qui se préparaient faisaient qu'on nous avait peut-être oubliés.

Pour mettre en sûreté les fusils que nous nous pro-curions, il fallait les faire sortir de la ville; on les démon-tait donc pièce par pièce; on portait sur soi les plus petites très-soigneusement numérotées; quant aux canons, aux crosses et aux baguettes, on les transportait hors de la ville par le moyen de voitures chargées de paille, de foin, pour être déposés en lieux sûrs. Comme toute la population était royaliste, nous avions pour cela de grandes facilités, et dans toutes les circonstances de grandes preuves de dévouement.

Quand et comment éclatera l'insurrection? C'était une immense difficulté à résoudre; enfermés comme nous étions dans une ville en état de siége, les imaginations ne laissaient pas d'être en travail; on discuta sérieusement des plans et des projets impossibles. Les uns auraient voulu s'emparer par surprise du fort Penthièvre, citadelle qui commande la presqu'île de Quiberon; d'autres voulaient enlever le préfet et le garder comme otage..... Heureusement qu'avec les difficultés à surmonter venait aussi l'expérience. On comprit la nécessité de se mettre en rapport avec quelques-uns des chefs que l'on savait se préparer à l'insurrection royaliste. Nous nous adressâmes à M. de Margadel qui habitait une maison de campagne aux portes de la ville. M. de Margadel, qui avait fait les grandes guerres de la Vendée, était en ce moment le chef adoré d'une nombreuse famille; c'était un preux et loyal chevalier que ses ennemis mêmes estimaient. Une députation se présenta chez lui, il nous accueillit avec bonté, et dès ce jour il devint pour les écoliers un ami, un guide et un père.

Jusqu'alors rien n'avait transpiré de la conspiration; mais ce calme apparent ne fut pas de longue durée. Tout à coup on apprend que deux écoliers viennent d'être arrêtés, emprisonnés et mis au secret. L'alarme est grande parmi nous. Quelle peut être la cause de cette arrestation? Avaient-ils été trahis? Avaient-ils commis quelque indiscrétion? C'est là ce qu'il faut savoir à tout prix et de suite! Mais comment pénétrer dans leur cachot?

Un jeune écolier est transformé en jeune fille, sous les auspices et comme nièce supposée d'une dame chargée de visiter les prisons, et que l'on appelait à juste titre la mère des prisonniers ; cet élève, sous des habits de femme, parvient jusqu'à ses condisciples. Quelques mots échangés avec eux suffisent pour rendre la sécurité et donner la certitude qu'ils seraient inébranlables dans leur fidélité. Voici la cause de leur arrestation. Une domestique les avait dénoncés comme ayant beaucoup de poudre ; c'était vrai ; ils furent arrêtés en conséquence, et passèrent pour ce fait trois mois en prison.

À la suite de ces premiers indices on venait d'ordonner des visites domiciliaires, et sans doute on allait faire de nouvelles arrestations, quand on apprend enfin que l'insurrection venait d'éclater sur plusieurs points du département.

C'était le signal si désiré de notre départ ; nous attendions ce jour comme la fin de notre esclavage, comme le commencement d'une autre vie. Le départ fut fixé au surlendemain, 24 mai 1815.

CHAPITRE III.

Le Départ.

« Là, s'exerçant dans l'ombre à de nobles combats,
« Les hardis écoliers deviennent des soldats...
« Ces enfans, accablés du poids de leurs fusils,
« Ils partirent trois cents : combien reviendront-ils ? ».
BRIZEUX.

L'ÉCOLE POLYTECHNIQUE ET LE COLLÉGE DE VANNES. — LE DÉPART. — ADIEUX INDISCRETS. — LES ÉCOLIERS PAR ESCOUADES. — LEUR COSTUME. — LEUR MANIÈRE DE VIVRE EN CAMPAGNE. — LE CHATEAU DE PONT-SALE. — LE GÉNÉRAL MARQUIS DE LA BOESSIÈRE. — SA DERNIÈRE LETTRE. — LE BIVOUAC DES CHOUANS. — COMBAT A SAINTE-ANNE D'AURAY.

Cette prise d'armes du collége de Vannes est un fait peut-être unique dans l'histoire. L'année précédente, en 1814, les élèves de l'Ecole-Polytechnique avaient glorieusement combattu pour la défense de Paris. C'est un titre d'honneur que cette illustre école pourrra ajouter à ses fastes.

Mais, plus heureux que les collégiens de Vannes, les élèves de l'école Polytechnique, combattant en 1814, trouvèrent protection et sympathie dans le gouvernement, dans l'armée, dans leur famille et dans toute la population : l'ennemi seul a dû ne pas applaudir à leur patriotique élan.

Il n'en fut pas ainsi, en 1815, pour les collégiens de Vannes. Ils vont prendre les armes pour défendre un roi rejeté dans l'exil, faire obstacle à la puissance de celui qui a été le maître du monde, et qui peut le devenir encore, combattre des soldats aguerris et dévoués : ils se sont levés, organisés et armés contre un gouvernement qui les tenait en suspicion et les surveillait de près. Il leur a fallu échapper à sa police, et tromper jusqu'à la surveillance de leurs maîtres, de leurs professeurs et de leur famille. Il leur a fallu puiser dans l'énergie de leurs convictions le courage et la force de surmonter tant d'obstacles, et d'aller affronter une mort qui eût été flétrie par le triomphe de la cause qu'ils combattaient.

C'était un grand bonheur et un grand succès d'avoir pu, pendant trois semaines de conspiration, échapper aux dangers de toutes sortes qui nous menaçaient. Mais il restait encore à prendre une dernière et importante mesure, grosse de tempêtes et de périls. Comment donner l'ordre du départ ? comment en fixer le moment ? comment l'effectuer ? Comment empêcher, dans ce moment suprême, toute manifestation, toute démarche imprudentes ? Voici le parti qui fut pris et arrêté : le mercredi, 24 mai, les élèves assisteraient comme à l'ordinaire à la classe du soir. (Ce jour du mercredi fut choisi parce que, étant la veille du jour de congé, on ne s'apercevrait peut-être pas aussi promptement du départ des écoliers.) A l'issue de la classe, l'ordre serait donné, avec injonction de ne partir qu'à la nuit tombante et isolément. Sortis de la ville, les élèves devaient aller prendre leurs fusils dans les différents villages où ils avaient été déposés. Alors, divisés en petites bandes, afin de pouvoir plus facilement se dérober aux poursuites, et en suivant des chemins de traverse bien connus de ceux des élèves chargés de conduire et de guider leurs condisciples, ils devaient tous se trouver réunis, le vendredi 26, au village de Kcohan, en Berric, à six lieues de Vannes.

Cet ordre ainsi donné fut reçu avec joie ; car nous savions que, depuis quelques jours, nous vivions sur un volcan. Personne ne manqua à l'appel, personne ne recula au moment de l'exécution ; on eut beaucoup de peine à empêcher de pauvres enfants, trop jeunes, trop faibles de complexion, ou appartenant à des familles bonapartistes, de suivre l'élan général : mais petits et grands, ceux qui partaient comme ceux qui restaient, furent d'une admirable discrétion.

Cependant les inquiétudes et les dangers de ce moment décisif furent terribles ; il faut bien le dire, dans ces derniers préparatifs de départ, dans ces moments d'inévitables agitations, il y eut des joies et des larmes indiscrètes ; il y eut d'imprudents adieux, des séparations trop solennelles ou trop affectueuses ; il y eut des élèves qui poussèrent la témérité jusqu'à faire entendre des chants provocateurs, jusqu'à essayer des démonstrations menaçantes.

Heureusement, enfin, les collégiens avaient la clef des champs, et ce ne fut qu'à la nuit tout à fait arrivée qu'on commença dans la ville à s'apercevoir et à s'inquiéter de leur absence. Quant à eux, pleins de joie de se trouver enfin en liberté, ils se hâtent de s'éloigner pour échapper aux poursuites et aux colères que leur fuite a soulevées. Le moment de leur départ fut la dernière heure de cette vie si insouciante d'écolier ; car, à dater de ce jour commença, pour ces généreux enfants de la Bretagne, pour ces pauvres collégiens insurgés, une vie d'épreuves, de fatigues et de combats. Leur dévouement est grand sans doute, la foi en la justice de leur cause est vive et sincère ; mais la force et le courage ne leur manqueront-ils pas ? A l'âge qu'ils ont, si peu habitués qu'ils sont à de longues fatigues, pourront-ils résister aux privations qui les attendent, supporter des marches forcées, soutenir des combats se renouvelant chaque jour, privés qu'ils sont maintenant des soins dont hier encore ils étaient l'objet, désormais incertains s'ils retrouveront les caresses d'une mère, s'ils pourront se reposer encore au foyer paternel?

Avant de retracer cette vie aventureuse, je vais raconter la manière dont vécurent en campagne ces écoliers devenus soldats. Le bagage ne se composait que des habits que chacun avait sur le corps en quittant le collége, et, d'après l'expresse recommandation qui en avait été faite, d'une chemise et d'une paire de souliers de rechange. Un fusil, quelques cartouches, renfermées dans un mouchoir qui servait de ceinture, complétaient l'équipement et l'armement de chacun. Ce ne fut que plus tard que nous eûmes des gibernes et des sabres. Le collége n'ayant pas d'uniforme adopté, chaque élève était habillé à sa guise; les officiers portèrent, comme insignes de leur grade, un brassard blanc à franges d'or, dans le genre de ceux que portent les enfants à la première communion.

Dans les premiers jours, lorsqu'on avait un peu d'argent, on s'inquiétait peu des distributions de vivres; mais on ne tarda pas à se trouver dans la nécessité de recevoir la ration de pain et de viande, et de faire militairement la soupe. Qui sera marmiton? D'abord quelques-uns voulurent bien se dévouer; mais il serait impossible de donner une idée de cette malencontreuse cuisine de bivouac, faite par des écoliers dont c'était le coup d'essai. Force fut donc de prendre au plus vite le sage parti d'attacher à la compagnie quelques bons paysans chargés de nous préparer à manger. Dans les villes et les bourgs que l'armée royale occupait, la mairie distribuait des billets de logement. Les officiers et sous-officiers collégiens étaient presque toujours logés chez les curés et les ecclésiastiques. Que ces bons prêtres avaient soin de nous! qu'alors aussi nous savions bien nous dédommager de nos jeûnes forcés! Partout et toujours les écoliers furent bien reçus: il n'y a eu qu'une seule exception que je raconterai en son lieu.

Les collégiens intéressaient beaucoup par leur jeunesse, par leur dévouement et leur bonne conduite, qui resta toujours à l'abri de l'ombre même d'un reproche. Telle fut la confiance qu'ils inspiraient, que les paysans leur demandaient des conseils et des avis, et les prenaient souvent pour arbitres et pour juges dans leurs différends : l'intérêt qu'on leur témoignait était si général que, dans leurs courses à travers les campagnes du Morbihan, on accourait des villages, des hameaux, avec des provisions de pain, de fruits, de laitage, pour les écoliers, disait-on : et les braves royalistes, qui souvent étaient pressés par la faim et la soif, tout en regardant d'un œil d'envie, applaudissaient à cette sollicitude empressée et n'étaient pas jaloux de ces préférences. Depuis le commencement jusqu'à la fin de la guerre, les collégiens ont été les enfants gâtés des chefs et des soldats, chéris de nos vénérables prêtres, accueillis avec distinction dans les châteaux, avec empressement dans les chaumières : les vieux chouans applaudissaient à nos succès ; les grognards de l'empire assuraient que nous n'allions pas trop mal pour des conscrits ; les vieux loups de mer, ces intrépides marins du Morbihan qui avaient passé leur vie à lutter contre l'Océan et l'Angleterre, nous félicitaient à leur manière et nous donnaient des poignées de main à nous faire rentrer sous terre.

Il exista pour les plus faibles et les plus jeunes élèves une cause incessante de fatigue et d'épuisement. C'était le poids des lourds fusils distribués après le premier débarquement : beaucoup en avaient les épaules toutes meurtries et déchirées.

Lorsque les élèves se trouvaient blessés, malades, ou trop fatigués, on les conduisait dans des fermes éloignées et isolées : là, bien en sûreté, ils recevaient les soins de la plus cordiale hospitalité. Une fois, la ferme où était ainsi réfugié un jeune écolier malade fut tout à coup visitée par un détachement de soldats ennemis; on fut prévenu assez à temps de leur arrivée par un petit garçon de dix ans : aussitôt les habits et le linge même de l'écolier furent cachés avec soin, hors de la maison, et le jeune homme passa facilement pour un des jeunes fils du fermier. Enfants et domestiques furent aussi prudents que discrets dans cette circonstance, qui pouvait compromettre tant de personnes. Le Morbihan est bien, comme l'a dit Châteaubriand, la terre du royalisme et de la fidélité!

Excepté dans quelques circonstances trop malheureuses, une franche gaieté n'a cessé de régner parmi les collégiens. On racontait des histoires, des légendes; on improvisait des chansons qui faisaient rire aux larmes, car elles faisaient toujours allusion à des désappointements, des maladresses, ou des mésaventures de quelques-uns. Il y avait même un chant héroïque que nous appelions notre chanson de mort. Rien, au surplus, ne troubla jamais la bonne et véritablement fraternelle union des collégiens : abandonnés à eux-mêmes, ils comprirent la nécessité de se protéger, de s'encourager et de se soutenir mutuellement : les plus forts se faisaient un devoir de venir en aide aux plus faibles, les plus grands aux plus petits : plusieurs prenaient sur leur sommeil pour laisser reposer quelques heures leurs plus jeunes compagnons, montaient les gardes pour leurs camarades plus fatigués, et se privaient presque du nécessaire pour leur procurer quelques adoucissements.

L'écolier le plus jeune était recommandé et confié aux soins d'un élève plus âgé. C'était un frère aîné qui avait pour un plus jeune frère la sollicitude d'une famille absente. De temps à autre, nous étions les témoins de scènes quelquefois attendrissantes : c'était l'arrivée d'une mère, qui venait de très-loin et à travers bien des dangers embrasser son fils, lui apporter de l'argent, des vivres, du linge, avec les encouragements de la famille et les bénédictions d'un vieux père. Nous pleurions, nous les témoins de ces tendres épanchements, de ces douces effusions ; mais souvent l'enfant qui en était l'objet ne pleurait pas, lui, dans la crainte de laisser croire à quelque découragement, soupçonner quelques regrets, ou pour ne pas contrister l'ami auquel de pareilles consolations n'étaient pas réservées.

Mais quelle joie on éprouvait si on apercevait de loin le clocher de sa paroisse, si on devait passer à une petite distance de la maison paternelle! Après quelques heures heureuses au sein de sa famille, on revenait tout consolé, tout reconforté, reprendre son rang parmi ses camarades moins heureux.

Nous avons anticipé sur les événements; reprenons notre narration, interrompue au moment où les collégiens sont sortis si heureusement de la ville.

Vers les neuf heures du soir, ceux qui avaient dû rester les derniers pour surveiller le départ, ayant acquis la certitude qu'il s'était effectué sans encombre, que l'alarme n'avait pas été donnée, se rendirent, comme cela avait été arrêté, chez M. de Margadel qui avait attendu ce moment pour se rendre lui-même à son poste. « Partons donc aussi et hâtons-nous, dit-il. » Et prenant son épée, sa cocarde blanche et sa croix de Saint-Louis, il s'arrache aux embrassements et aux adieux de sa famille. Moins de trois heures après, notre petit détachement parvenait, par des routes détournées, au château de Pont-Sale, à deux lieues de Vannes, où nous étions attendus.

La guerre était commencée, il ne fallait plus espérer de repos! A peine étions-nous à table que les sentinelles en vedettes accourent annoncer que le château est cerné par les bleus; ce détachement arrivait de Vannes sur nos traces; au moment où les derniers écoliers avaient quitté cette ville, il y avait à peine trois heures, la fuite des collégiens avait été connue. La générale avait été battue et des colonnes mobiles avaient été envoyées à leur poursuite dans toutes les directions. On avait suivi notre petit détachement comme à la piste, car les bleus étaient déjà dans le vestibule du château au moment même où on annonçait qu'il était cerné.

Le château de Pont-Sale appartenait au général Le Rident, commandant alors une division royaliste, mort depuis commandant le département du Morbihan. Ce château de Pont-Sale était un lieu rempli de souvenirs pour les habitants du pays : il avait appartenu à Pierre Le Gouvello de Keriolet, qui fut célèbre par les désordres de sa jeunesse et plus encore par la sainteté de sa vie pénitente, terminée par une sainte mort, en 1660. Des légendes, qui nous étaient bien connues, disaient que M. de Keriolet avait vaincu et terrassé, dans ce château de Pont-Sale, *Satan en personne.* Nous pouvions donc espérer de n'être pas troublés dans ce séjour, dont le diable, dit-on, est exclu à tout jamais, et de pouvoir profiter de la gracieuse hospitalité de Mme Le Rident, sous la protection du vénérable M. de Keriolet, qui, lui aussi, avait été élève de notre collége, il y avait quelque cent ans. Mais nous n'eûmes que le temps de sauter dans le jardin par les fenêtres, et, avant que nous eussions pu atteindre le parc, nous avions reçu une décharge générale partant de toutes les ouvertures du château. On voit que notre début n'a pas été très-heureux. Je ne sais pas si les bleus mangèrent notre bon souper ; mais ils emmenèrent prisonnier un jeune neveu de la dame châtelaine. Quant à nous, pour comble de malheur, nous fûmes obligés de traverser une petite rivière, et, tout mouillés et mourant de faim, de nous mettre en route pour aller rejoindre à Brech le principal corps des royalistes, sous les ordres du général en chef de Sol de Grissoles.

Nous oubliâmes bientôt notre mésaventure nocturne à la vue de l'armée royale ; un bivouac, et un bivouac de chouans, était chose nouvelle et curieuse pour des écoliers. Quand nous arrivâmes, on allait manger la soupe. C'était le jeudi 25 mai, par une belle matinée de printemps. Les royalistes occupaient une colline aux pieds de laquelle coulait la jolie rivière de Brech, aux sites si pittoresques. Là, sous le drapeau blanc qui vient de se relever dans le Morbihan, étaient réunis de vieux chouans qui avaient combattu contre la république ; de vieux soldats qui, après avoir pris leur part des glo-

rieuses guerres de l'empire, étaient redevenus Bretons
comme leurs pères et comme leurs frères ; d'intrépides
marins, à peine échappés aux pontons de l'Angleterre,
tous volontaires, obéissant à des chefs qu'ils se sont
choisis dans tous les rangs de la société. Le général en
chef de toute l'armée du Morbihan était de Sol de Grissoles, ancien compagnon d'armes de Georges Cadoudal.
Pendant toute la durée de l'empire, il avait été prisonnier d'état dans un triste cachot de Vincennes, dont il
n'était sorti qu'en 1814.

Le chèf d'état-major était le général marquis de la
Boissière, type d'honneur et de loyauté. ? [illegible] le coup-
d'œil militaire était si sûr, dit M[illegible] et
dont la mémoire sera longte[illegible]
Les collégiens de 181[illegible]
reconnaissance pour l'i[illegible]
et témoigné, pour la jus[illegible] effor[illegible] de [illegible]
faire rendre. Mort dans [illegible]
d'août 1846, le général de la [illegible]
du 30 juillet précédent (la de[illegible]
sa vie), adressée à celui qui écrit ces [illegible], [illegible],
comme un devoir et une obligation de la position qu'il
a occupée en 1815 dans la compagnie des collégiens
de Vannes, *le soin de protester hautement contre l'esprit
de mutinerie et de jalousie que leur a prêté un écrivain.*
Ce n'est donc que pour obéir à des prescriptions si
vénérables, et non certes pour célébrer des discordes
civiles, que cet ancien collégien de Vannes, aujourd'hui
vieux prêtre, a pu se décider à retracer des événements
déjà si éloignés de nous, mais dont il a précieusement
gardé le souvenir, s'honorant encore aujourd'hui, même
dans l'ombre du sanctuaire, d'avoir eu sa part du dé-
vouèment de ses condisciples, combattant pour le maintien des libertés nationales.

Ce corps d'armée que nous venions de rejoindre était
déjà considérable, quoique n'ayant que quelques jours
d'existence. Au premier signal, au premier appel, la
population entière était accourue à la voix de ses chefs.

Au premier rang était Joseph Cadoudal, dès lors honoré et chéri des paysans bretons, comme il le fut depuis par la légion du Morbihan dont il fut colonel, et par les régiments français qu'il commanda comme général, en 1823, dans les montagnes de la Catalogne. Le vieux et respectable Le Thiez, l'ami et le compagnon de Guillemot, *le roi de Bignan ;* les deux fils de ce dernier, si dignes de leur valeureux père ; le comte de Francheville, nom sous tous les rapports si cher à la Bretagne ; l'intrépide Gambert, qui commande à un bataillon de vieux soldats que nous surnommions *la vieille garde ;* Galles, jeune et brillant officier, que la mort arrachera bientôt à une épouse, à une famille désolées ; Lainé, Rohu, de Sécillon, chefs si célèbres dans les souvenirs des vieux chouans, étaient déjà à leur poste et sous les armes.

Je ne citerai que Moëslien, aide-major général, qui ouvre la liste trop nombreuse des officiers d'état-major tués ou blessés pendant cette campagne de trois mois, où périrent glorieusement de Saint-Pern, de Langourla, de Guerry, le dernier de sa race ; Ducoëdic, un des illustres noms de la marine française ; de Langle, le troisième frère mort au service de la cause royale ; Maillard et Dagorn, officiers de distinction. Si on ajoute à ces noms ceux de MM. de Courson, de Bretché, du commandant Pierre Le Car, du jeune Hervieux, qui reçurent de graves blessures, on verra que les officiers de l'état-major ont largement payé leur part et n'ont pas été épargnés.

Si notre étonnement fut grand à la vue d'un spectacle si nouveau, notre appétit n'en souffrit pas, et nous acceptâmes avec empressement l'invitation de manger militairement la soupe. Nous étions tout fiers d'avoir rejoint l'armée avant nos camarades, et nous eussions désiré faire le coup de feu avant eux pour gagner notre droit d'aînesse, et réparer à leurs yeux notre fuite précipitée du château de Pont-Sale. Cette bonne fortune nous était réservée et nous allions gagner nos éperons.

Par une marche de nuit, les royalistes se portèrent sur Sainte-Anne. Sainte-Anne d'Auray est pour tout Breton une terre sacrée, le plus saint des asiles ; c'est le sanctuaire vénéré de la patronne de la Bretagne. Chaque année, cent mille pélerins viennent lui porter leurs prières et leurs vœux : dans ces lieux bénis, ils ont trouvé assez de joies et d'espérances pour être long-temps heureux et consolés. Il n'y a pas que le senti-ment religieux qui fasse aimer au Breton le nom de sa céleste patronne : ce nom a été porté par sa dernière sou-veraine, Anne de Bretagne, qui, deux fois reine de France, n'a pu se consoler de la perte de sa couronne ducale.

Une première victoire nous y attendait, un succès important devait y couronner nos premiers efforts ; je crois que cela devait être ainsi, car la foi en sa patrie et en la justice de sa cause inspire le courage. Si une armée française avait à combattre une seconde fois à Marengo ou à Austerlitz, les Français pourraient-ils être vaincus sur ces glorieux champs de bataille ? Une co-lonne d'impériaux et un bataillon de gardes nationaux étaient sortis de Lorient au premier bruit de l'insurrec-tion royaliste. Ils sont venus et ils vont attaquer les blancs avec cette conviction qu'ils n'auront qu'à se montrer pour dissiper et mettre en fuite tout ce rassem-blement d'insurgés. Ce fut tout le contraire qui arriva. Renverser les bleus, les disperser, fut l'affaire d'un moment. Joseph Cadoudal, à la tête de ses braves ma-rins d'Auray, s'était précipité comme un torrent sur cette malheureuse colonne, dont à peine cinquante hommes purent se sauver et dont le colonel blessé fut fait prisonnier.

Les écoliers qui assistèrent à ce combat de Sainte-Anne, avaient espéré d'en retirer avantage, de grandir par là aux yeux de leurs camarades qui n'avaient pas encore fait le coup de feu, et de s'en prévaloir pour se donner une certaine importance. Ils furent, hélas ! bien cruellement désenchantés et bien punis de leurs vaines prétentions; un jeune homme de Lorient, faisant partie de la colonne si complétement battue, se mourait d'une blessure qu'il venait de recevoir. Le malheureux, avant de rendre le dernier soupir, veut savoir si les écoliers de Vannes avaient combattu, et si son frère, qui était parmi eux, avait assisté à ce combat... Heureusement il n'en était rien, son frère n'était pas là! Il put donc mourir tranquille.

Cette triste et déplorable scène, cet affreux spectacle d'un frère mourant, heureux de ne pas succomber par la main et sous les coups d'un frère, nous inspira un vif sentiment de tristesse. Les joies d'un premier triomphe, les heureuses conséquences qui allaient en résulter, ne purent effacer de notre esprit les impressions douloureuses que nous venions d'éprouver. Nous nous hâtâmes donc de demander la permission de nous éloigner et d'aller rejoindre nos condisciples dont nous étions séparés depuis deux jours. Eux nous attendaient aussi pour compléter la réunion de tous les élèves sortis du collége et qui avaient échappé aux dangers de leurs premières excursions.

CHAPITRE IV.

Musillac, le 10 Juin.

> « Les bleus sont ébranlés : leur passant sur le corps,
> « Les jeunes écoliers jonchent le sol de morts.
> « Alors la charité touche leurs jeunes âmes :
> « On les voit tout à coup, comme de douces femmes,
> « Protéger un mourant, secourir un blessé,
> « Etancher de leurs mains le sang qu'ils ont versé. »
>
> JULES DE FRANCHEVILLE.

RÉUNION DE TOUS LES COLLÉGIENS A KERCOHAN. — NO-MINATION DES OFFICIERS ET SOUS-OFFICIERS. — LE SERGENT INSTRUCTEUR : UN GRAND NOMBRE D'ÉLÈVES REFUSE DES GRADES. — LA BATAILLE DES TRENTE; L'AUBERGISTE DE JOSSELIN. — LA PROCESSION DE LA FÊTE-DIEU A REDON. — COMBAT DE MUSILLAC. — MORT DU CAPITAINE NICOLAS ET DU SERGENT LE THIEC. — LES ÉCOLIERS PRENNENT SOIN DES BLESSÉS ABANDON-NÉS. — HONNEURS FUNÈBRES RENDUS AU CAPITAINE NICOLAS.

Le départ des écoliers, leur insurrection et leur fuite avaient produit une grande sensation dans tout le département : c'était un événement important pour les royalistes de trouver des défenseurs dans l'élite de la jeunesse et de rattacher ainsi les familles auxquelles appartenaient ces jeunes élèves; cette manifestation donnait une grande consistance à l'élan général de la population. Mais, d'un autre côté, le désappointement des autorités eut des conséquences funestes pour les parents de beaucoup d'élèves ; les uns furent mis en prison ; d'autres obligés de s'y soustraire par la fuite. On mit le séquestre sur leurs propriétés et des garnisaires dans leurs maisons; il y eut ainsi des familles entièrement ruinées, et qui ne purent jamais obtenir, dans la suite, la moindre indemnité de la perte de leur liberté et de leur fortune. Ce qui restait du collége ne fut pas épargné par les colères administratives; on licencia les derniers élèves ; et les bâtiments, transformés en caserne, furent occupés militairement. Mars avait vaincu Apollon, les muses furent chassées par Bellone.

Enfin, le samedi 27 mai, les écoliers qui avaient pris part au combat de Sainte-Anne purent se réunir au corps principal de leurs condisciples, qui étaient tous arrivés au rendez-vous de Kercohan, village isolé de la commune de Berric, au milieu des landes et des bois. Cette réunion fut expansive; chacun avait à raconter ses aventures depuis la sortie du collége, ses joies, ses terreurs, les difficultés éprouvées et surmontées. Mais s'être battu à Sainte-Anne, avoir assisté à un combat heureux, donnait une telle importance à ceux qui arrivaient, que les autres élèves les regardaient presque comme des hommes d'une haute capacité, d'une expérience consommée.

Cependant la réunion de Kercohan n'avait pas perdu son temps : on avait procédé à la nomination des officiers et sous-officiers ; et déjà la compagnie, organisée militairement, s'exerçait à la manœuvre et au maniement des armes sous la direction d'un sergent instructeur.

Voici quelle fut cette première organisation de la compagnie des écoliers. Malheureusement, elle fut modifiée quelques jours après, la mort devant faire de promptes victimes dans nos rangs.

LISTE DES OFFICIERS ET SOUS-OFFICIERS.

Capitaine, Nicolas (J.-M.), tué le 10 juin.
Lieutenant, Bainvel (P.-M.-J).
Sous-lieutenant, Lequellec (J.-L.).

Il y a eu trois sergents-majors :

Radeau du Mat, qui, quelques jours après sa nomination, fut appelé par son oncle, M. de Secillou, pour remplir les fonctions d'aide de-camp.

Rio (Alexis), qui devint sous-lieutenant le 10 juin.

Germain, de Vannes, mort officier dans les douanes.

Sergents.

Le Thiec (Jacques), tué le 10 juin.

Lacorre (Joachin), mort prêtre.

Laurent, de Guémené, mort notaire.

Lomenek, curé de Pluvignier, digne pasteur qui est aujourd'hui une véritable providence pour ses paroissiens.

Lagillardaie (J.-M.), aujourd'hui notaire.

Fourrier.

Lediffon, mort jeune prêtre.

Caporaux.

Nicolas (Yves), tué le 5 juillet, frère du premier capitaine.

Rio (Colomban), tué le 21 juin.

Allio (Pierre), mort prêtre, en 1850.

Guillaume (Joachin), curé de Kergrist.

Le Goalec, vicaire de Groix.

Mahé (Julien), mort sous-officier à la légion du Morbihan.

Ledrogo (Jean), mort vicaire à Kelven.

Dagorn, mort adjoint de la commune de Séné.

Ledréau, mort prêtre.

Il y eut de plus un sous-lieutenant-porte-drapeau; ce fut Questel, tué à Auray, le 21 juin, et un sous-officier, sergent instructeur, le brave Bertaud qui avait son jeune frère dans la compagnie des écoliers. Ce sous-officier sortait de la jeune garde, et était un très-bon instructeur, hardi, entreprenant, fougueux dans le combat. Officiers et soldats, nous avions bien besoin des leçons et

des enseignements de notre instructeur, car toute notre
science ne consistait qu'à savoir tirer un coup de fusil ;
mais notre intelligence nous faisait assez comprendre la
nécessité d'une prompte instruction militaire ; aussi
étions-nous des élèves patients et avides d'apprendre. A
la moindre halte, et toutes les fois qu'il y avait possibilité,
nous donnions de l'exercice au sergent Bertaud ; nous
avions au surplus pour lui une grande estime, et il la
méritait bien. Après la bataille de Leipsick, il avait été
porté pour la croix, la restauration la lui devait certaine-
ment bien, et cependant le brave Bertaud n'a jamais été
décoré.

Ce fut au scrutin que se fit la nomination des officiers
et sous officiers de la compagnie. Dans cette circonstance
apparurent, dans tout leur éclat, le noble désintéressement et le généreux dévouement de ces jeunes gens, qui
avaient fait sans arrière-pensée le sacrifice de leur vie ; il
y eut rivalité pour ne pas accepter de grades ; un grand
nombre les refusèrent absolument, non-seulement pour
la compagnie des écoliers, mais encore pour les compa-
gnies de leurs paroisses respectives où on les désirait, et
pour lesquels on demandait des officiers : chacun voulait
rester simple soldat, et suivant l'expression adoptée :
simple chrétien comme un autre. C'est là que se révèle,
je crois, dans toute sa beauté la noble et généreuse conduite des écoliers. Je voudrais qu'il me fût possible de ci-
ter les noms de tous ces jeunes gens, aujourd'hui l'honneur du sacerdoce et de la magistrature dans le Morbihan, qui alors se montrèrent si éloignés des distinctions
et des grades ; je ne puis néanmoins résister au désir de
nommer MM. Legludic, curé de Pontscorf ; Levisage, curé
de Quiberon, et Lavenan, curé de Plouay, destinés à tenir
un jour le premier rang dans le clergé. Rien ne put les
décider alors à prendre celui qui leur était si bien dû
parmi leurs camarades ; bien d'autres encore imitèrent
leur modeste désintéressement. Le bon, le sage Valy,
curé de Plumergat, seul survivant des nombreux écoliers
de Lanvodan, qui firent partie de la compagnie. A la fin

de la campagne, aux acclamations de tout le collége, on voulut qu'un hommage public fût décerné aux élèves les plus braves et les plus distingués; leurs condisciples se montrèrent justes appréciateurs du mérite, lorsqu'ils désignèrent pour partager cet honneur avec Valy, Lecorre Toussaint, de Sarzau ; Lecorre Joachim, de Lanvodan, Allio, de Lanvodan ; Guillôme, aujourd'hui digne curé de Kergrist, et Lediffon, noms bien chers au souvenir de leurs compagnons.

Il y avait aussi parmi les plus distingués, un jeune et aimable enfant, à peine âgé de 15 ans ; il s'appelait Leflohy, et est aujourd'hui chanoine de la cathédrale de Vannes. Ses condisciples remarquèrent dès lors le mérite naissant de ce jeune élève, que Mgr l'évêque de Vannes a bien su apprécier plus tard.

Les écoliers, ainsi organisés militairement, formèrent le premier bataillon de la légion commandée par le chevalier de Margadel, sous les ordres duquel ils avaient demandé à servir par reconnaissance et par attachement. Aussitôt qu'ils furent réunis, ils reçurent l'ordre de rejoindre l'armée à Plaudren, où ils arrivèrent le matin du 28 mai, premier dimanche de la Fête-Dieu. Le soir, l'armée se remit en marche avec les écoliers, bien fiers d'être enfin regardés comme de vrais soldats ; ils ne tardèrent pas à apprendre que tout n'est pas rose dans le noble métier des armes.

C'était une bien belle nuit que cette nuit du 28 au 29 mai 1815. Nous venions de traverser une petite rivière, pour entrer dans une charmante vallée que la lune éclairait d'un côté, et dont l'autre côté, couvert de grands bois, était plongé dans une profonde obscurité. Le passage du défilé avait démesurément allongé la colonne, qui cependant, d'après les ordres les plus sévères, continuait de s'avancer sans bruit ; la marche était en effet calme et silencieuse comme la nuit, quand tout à coup des cris étouffés de *halte, silence en avant, aux armes*, se font entendre de tous les côtés ; les échos se reveillent pour répéter ces cris alarmants ; les officiers courent de tous côtés pour s'enquérir des causes inconnues de ce désordre et de ces alarmes, et ordonnent d'une voix peu rassurante de serrer les rangs et de se tenir prêts à faire feu..... Heureusement ce n'était qu'une terreur panique ; un cheval qui s'était échappé du côté des bois, avait dit-on, causé tout ce vacarme ; mais pour nous, qui n'étions pas aguerris encore, ce danger inconnu, cet ennemi invisible nous firent prendre une bonne part de l'émotion causée par cet accident. Tout cela cependant ne dura qu'un instant, et la sécurité revint pour les écoliers comme à tout le monde. C'est au surplus l'unique accident de ce genre pendant toute la campagne.

Le 30, la ville de Ploërmel fut prise après une faible résistance. Ces petites affaires nous préparaient peu à peu à de plus grands combats. Le soir, l'armée se porta sur Josselin, ville si dévouée, que toute la population reçut les royalistes comme des libérateurs. Josselin est une petite ville tout à fait pittoresque. La rivière d'Oust baigne les tours gothiques du magnifique château d'Olivier de Clisson ; le manoir du connétable, très-bien conservé, a été plus heureux que son tombeau, à moitié brisé, que l'on voit dans l'église paroissiale. Ce fut à Josselin que les officiers et les sous-officiers de la compagnie furent reconnus militairement. Cette ville si hospitalière pour l'armée royale, ne le fut pas pour un grand nombre d'écoliers.

Ceux-ci, au départ de Ploërmel, étaient d'arrière-garde ; c'est à une distance égale de ces deux villes qu'eut lieu en 1351 *la fameuse bataille des Trente*, livrée entre trente Bretons et trente Anglais. Pouvions-nous fouler aux pieds ce théâtre d'un glorieux triomphe de nos ancêtres, sans rendre hommage à la mémoire des héros bretons ? Arrivés donc *à mi-voie*, nous nous mîmes en bataille devant les débris d'un monument, jadis élevé en souvenir de ce mémorable combat et on présenta les armes, non sans une vive émotion.

Mais tout cela avait demandé un certain temps ; la nuit

était venue et lorsque nous arrivâmes à Josselin, tous les logements avaient été distribués. La mairie envoya un assez fort détachement d'écoliers à une auberge située dans un faubourg éloigné. L'aubergiste, en bonnet de nuit, se présente à une lucarne élevée et demande ce qu'on lui veut à une heure si avancée; quand on le lui a expliqué, il déclare qu'il n'ouvrira pas, envoie tout le monde au diable, ajoutant qu'il se f... du maire comme des écoliers, fussent-ils sortis du collége d'enfer. Force fut donc à ces malh-ureux élèves, quoique bien fatigués, de coucher dans les champs voisins et à la belle étoile!

Mais la gent écolière, comme on le sait, n'est pas très-patiente, et les écoliers de Vannes, qui venaient de déclarer la guerre à Napoléon, ne se trouvèrent pas d'humeur à supporter une telle insulte, sans en tirer une petite vengeance. Il y avait plus d'un malin dans le détachement, et l'aubergiste l'apprendra à ses dépens.

Le lendemain matin donc, les écoliers, si grossièrement évincés la veille, se présentent dans cette même auberge, et d'un air patelin commandent un bon déjeûner, assurant à l'hôte qu'ils lui ont donné la préférence, à cause de l'excellente renommée de sa maison.

L'aubergiste, qui les avait envoyés *au diable*, se trouve *lui aux anges* d'une si bonne aubaine, et s'empresse de les satisfaire; le déjeûner terminé, il présente le montant de la dépense, en paiement de laquelle on lui donne gravement tous les billets de logement refusés la veille; dire la stupéfaction de l'aubergiste serait impossible. Enfin il fit des excuses, jurant, mais un peu tard, qu'on ne l'y prendrait plus; on paya le déjeûner et on rit beaucoup de cette plaisanterie.

Après avoir occupé successivement les villes de Questembert, de Rochefort et de Malestroit, l'armée se présenta devant Redon, le 4 juin. Redon est une ville importante par son port, sa position au confluent de deux rivières et à distance égale de Rennes, de Nantes et de Vannes; il y avait sans doute grand avantage à s'en emparer; mais comment se fit-il qu'on attaqua cette ville, au moment même de la procession de la Fête-Dieu qui parcourait les rues pavoisées ? Il faut croire que le jour et l'heure de cette solennité n'étaient pas entrés dans les calculs et les prévisions des généraux ; mais cette circonstance produisit un mauvais effet et attrista surtout les écoliers. Leur ardeur de combattre n'en fut cependant pas ralentie, tant ils désiraient faire leurs preuves. M. de Margadel eut de la peine à modérer leur élan et à les empêcher de se jeter sur l'ennemi sans aucunes précautions. Une terrible fusillade s'engagea dans les rues, et l'ennemi repoussé de toutes parts se retira, au bout d'une heure de combat, dans une tour crénelée attenant à la mairie qui était également fortifiée. La garnison s'y défendit avec opiniâtreté. Les collégiens placés sous les halles, à une petite distance de l'ennemi, tiraillèrent toute la nuit pour le tenir en échec. Plusieurs écoliers furent blessés et aussi un de nos braves cantiniers qui ent la main gauche fracassée par une balle. Tout en nous battant de bon cœur, nous étions épuisés de fatigue et de sommeil, n'ayant ni dormi, ni mangé depuis près de deux jours; de bons habitants eurent pitié de nous, et dans les maisons voisines chacun, sans s'éloigner du poste, put aller se restaurer à son tour et prendre ensuite un peu de sommeil à notre bivouac sous les halles.

Le 5, au matin, l'armée royale évacua Redon menacée par des forces supérieures, s'avançant contre nous par les routes de Rennes, de Nantes et de Vannes. Elle passa à Peillac, la rivière d'Oust, arriva dans la nuit à Rochefort où elle prit deux jours de repos devenu indispensable. Le 8, elle se porta sur Questembert; là nous vîmes arriver au quartier général le comte de Floirac; un des commissaires du roi près l'armée et préfet royal du Morbihan. Le comte de Floirac nous dit qu'il était heureux de revoir les écoliers, et qu'il informerait le roi de notre bonne conduite.

Le 9 juin, les royalistes se portèrent sur Musillac,

petite ville près de la mer et à huit lieues de Vannes. Là allaient se décider le sort et l'avenir de l'armée royale. Manquant d'armes, de souliers, ayant déjà épuisé dans les premières rencontres presque toutes ses munitions, elle était plus que compromise si elle ne réussissait pas à recevoir, dans un bref délai, les armes et les munitions que lui apportait une flotte, déjà depuis quelques jours en vue des côtes. C'était la vie et le salut pour les royalistes.

De leur côté, les bonapartistes comprirent toute l'importance d'empêcher ce débarquement. Les blancs sont à Musillac pour le recevoir; les bleus y arrivent pour s'y opposer, sous les ordres du général Rousseau venant de Vannes.

À quatre heures du matin, le 10 juin, les premiers coups de fusil se font entendre; le général Rousseau avait voulu surprendre les royalistes, et peu s'en fallut qu'il ne réussît. Heureusement, au premier moment de l'attaque, Cadoudal s'était porté en avant avec sa légion d'Auray pour défendre le pont, et arrêta l'ennemi dans sa marche.

Cependant, les écoliers se sont rendus au moulin de Penesclus, poste important, à l'extrême droite, qu'ils ont l'ordre de protéger. Placés sur une éminence, ils dominent le champ de bataille; mais aussi l'ennemi les a reconnus. Le général Rousseau ordonne de les mitrailler. Le bruit du canon et le sifflement de la mitraille, chose inconnue pour nous, se font entendre en même temps. Dès la première décharge, le sergent Le Thiec tombe, la tête fracassée par un biscaïen. Cette journée devait être glorieuse, mais aussi bien funeste pour les collégiens ! Nous aurions bien voulu pleurer un peu la mort de notre bon camarade; mais le sergent Berthaud, que l'odeur de la poudre a électrisé, déclare positivement que cela ne s'était jamais vu, et se sert de l'occasion pour nous reprocher ironiquement de baisser la tête à chaque coup de canon; mais l'ennemi ne nous laissa, ni le temps de nous attendrir, ni de discuter les théories sentimentales de notre intrépide sergent.

Repoussé sur le pont de Musillac, le général Rousseau espère enfoncer les royalistes, en les attaquant sur le coteau occupé par les écoliers. Une colonne d'attaque, protégée par la mitraille et de nombreux tirailleurs, veut traverser en conséquence la chaussée du moulin. Les collégiens comprennent la gravité de leur position; ils décident qu'ils se serreront en masse et que les plus petits, dans le centre, devront seulement recharger les fusils des premiers rangs; mais, au moment même où ils se préparent ainsi à la résistance, une balle vient frapper au cœur le capitaine Nicolas. Dans cet instant critique, les collégiens se rappellent qu'ils doivent vaincre ou périr jusqu'au dernier... Un bataillon fait feu sur eux, presqu'à bout portant. Les écoliers répondent par un cri de *vive le roi!* et une décharge générale! La mêlée est terrible, mais l'ennemi est repoussé. Enhardis par ce premier succès, les écoliers se précipitent à leur tour contre lui, le forcent à repasser la rivière et à regagner le corps principal.

A la vue du danger que nous venions de courir et de surmonter, le chevalier de Margadel était accouru pour nous encourager. Voyant bien que la journée n'était pas terminée, il nous ordonne de conserver précieusement le peu de cartouches qui nous reste. Cette recommandation ayant été générale, le feu, faute de poudre, avait cessé sur toute la ligne. Cependant l'ennemi se préparait à une seconde attaque qui devait être décisive. Que ne doit-on pas attendre des efforts d'une population dévouée? Les femmes de Musillac, sachant que les royalistes manquaient de munitions, se hâtent de fondre leur vaisselle d'étain, et de confectionner des cartouches; elles ont le courage de venir elles-mêmes les distribuer dans nos rangs, tout en prodiguant des soins à nos blessés. Admirable et généreux dévouement des femmes de Musillac, que partagea, qu'inspira peut-être une noble

femme, la comtesse du Bodérut, alors présente à Musillac.

Pour la seconde fois, une colonne de grenadiers
se précipite sur le pont de Musillac, et pour la seconde fois, Joseph Cadoudal la repousse. Pendant cette
sérieuse attaque, de nombreux tirailleurs sont de nouveau lancés contre les collégiens. Ceux-ci, fiers de leur
premier succès, décidés à faire payer cher à l'ennemi
la mort de leur capitaine, et soutenus maintenant par la
légion Margadel, se précipitent aussi en tirailleurs au-
devant de l'ennemi, qu'ils obligent à se replier de nouveau et à repasser la chaussée du moulin de Penesclus,
avec une perte considérable. Il était dix heures ; ce fut
alors que Gambert, dont l'absence avait été si regretta-
ble pendant le combat, se présenta à la tête de son terrible bataillon sur les derrières de l'ennemi ; cette manœuvre, soutenue par un admirable feu, força les bleus
à une retraite précipitée, que le comte de Francheville,
avec ses marins de Sarzeau, ne laissera pas s'opérer sans
leur faire éprouver de nouvelles pertes. C'est ainsi que
tout l'avantage de cette importante journée resta aux
royalistes.

Les écoliers veulent aussi se mettre à la poursuite de
l'ennemi ; mais ils s'arrêtent tout à coup. L'ennemi n'a
pas pu emporter tous ses blessés, beaucoup sont restés
abandonnés sur le champ de bataille. A cette vue, les
collégiens oublient la guerre et ses fureurs ; ils se débar-
rassent à la hâte de leurs armes pour secourir ces pauvres soldats blessés. Sur ce nouveau champ de bataille,
ils vont se montrer aussi humains, aussi compâtissans
que tout-à-l'heure* ils se sont montrés hardis et intrépides.

Tous à l'envi déchirent leurs mouchoirs, leurs che-
mises, leurs cravates, pour bander les plaies et étancher
le sang. De leurs plus douces voix, de leurs plus gra-
cieuses paroles, ils consolent ces pauvres blessés. Des
enfants portent dans leurs bras de vieux soldats qu'ils
vont déposer avec une tendre et respectueuse sollicitude,

dans une maison voisine, à l'ombre de quelques arbres. Il s'échangea des paroles singulières et mémorables entre ces soldats blessés et ces jeunes collégiens. On a entendu un vieux grenadier mourant, dire à un jeune enfant qui lui témoignait un intérêt filial : « Tu es un bon petit b... de calotin. »

Un caporal de voltigeurs avait eu la cuisse brisée ; il fut porté dans une grange voisine par quelques écoliers qui se mirent à panser sa blessure. Lorsque le jeune militaire eut repris ses sens, il reconnut, parmi ceux qui lui donnaient des soins, le fils de la famille où il avait son logement depuis trois mois, et auquel il avait souvent donné des cartouches sans se douter de l'usage qui en serait fait plus tard.

La reconnaissance fut dramatique : le militaire donna à l'écolier des nouvelles de ses parents ; il les avait quittés la veille au soir ; et, au moment de partir, sa mère, en pleurant, lui avait parlé de son fils... et celui ci, dans un billet écrit à sa mère, lui recommanda vivement le pauvre caporal de voltigeurs.

Toutes ces émotions nous préparaient assez mal à en supporter une plus grande qui nous attendait encore. L'armée est dans la joie, car la journée a été bonne pour les royalistes restés victorieux à Musillac ; mais les écoliers reviennent attristés sur le lieu de leur triomphe : ils vont rendre les derniers devoirs à leur capitaine et au sergent Le Thiec. C'est au cimetière de Bourg Paul, dont ils sont peu éloignés, que vont être inhumés leurs camarades. Les prêtres ont chanté la prière des morts, au milieu de nos sanglots et de nos larmes, qui coulèrent encore, en leur rendant les honneurs militaires et en leur adressant les derniers adieux !

Le capitaine Nicolas fut regretté, et il méritait de l'être ! C'était un digne, bon et beau jeune homme, aux nobles sentimens, aux manières simples, mais distinguées. Ils étaient deux frères jumeaux dans la compagnie ; leur union, leur attachement étaient aussi remarquables que leur ressemblance était frappante ; leur mère s'y était souvent trompée elle-même. Le frère du capitaine ava't été aussi blessé à Musillac. Quelques jours après, il fut lui-même, comme son frère, frappé au cœur d'une balle mortelle. Pourquoi le même tombeau n'a-t-il pu réunir ces deux frères qui s'étaient tant aimés et qui devaient tous deux, presque en même temps, périr de la même mort !

Le sergent Le Thiec avait un de ces cœurs généreux, qu'on peut appeler un cœur d'or : d'un caractère toujours gai, toujours égal, il aimait à chanter des vers qu'il improvisait ; son bonheur était d'obliger ses camarades et de leur rendre service : on l'a vu porter trois et quatre fusils pour soulager les petits écoliers trop fatigués ; on l'a vu, au passage de rivières ou de ruisseaux, prendre sur ses épaules les écoliers de faible complexion, en leur disant avec une ingénieuse et admirable bonté *qu'on ne devait pas s'enrhumer, quand on ne pouvait pas se soigner.*

Le sergent Le Thiec me fait souvenir d'un autre élève, qui s'appelait *Laurent* ; nous l'avions surnommé *Lenoir*, pour le distinguer de plusieurs autres *Laurent*, dont un, son cousin-germain, s'appelait le Saint. *Laurent-Lenoir*, qui est mort notaire à Malestroit, avait beaucoup d'esprit ; il était barde et poète, comme Le Thiec, et faisait fort heureusement des vers ; c'est lui qui avait composé ce que nous appelions notre chanson de mort.

La nuit était arrivée quand les collégiens rentrèrent à Musillac : l'intérêt général dont ils furent l'objet, l'accueil qui leur fut fait par l'armée et les habitants furent une consolation pour eux, et une approbation de leur conduite pendant cette journée.

Disons, avant de terminer le chapitre de Musillac, que la mort du brave Nicolas opéra un changement parmi les officiers. Le lieutenant Bainvel, qui eut l'honneur de commander au combat de Musillac, fut proclamé capitaine ; Lequellec devint lieutenant ; Lequellec, par sa sagesse et sa prudence, était le Nestor et le Mentor du collége ; d'une santé faible, il avait l'âme forte et énergique.

Le sergent-major Rio fut promu au grade de sous-lieutenant ; Rio était alors à peine un adolescent ; mais déjà il faisait pressentir qu'il obtiendrait un jour un rang distingué dans les sciences et les belles-lettres.

Un mot encore sur nos camarades blessés à Musillac. Ceux qui reçurent les plus graves blessures furent Le Ray et Allio. Le Ray était un enfant de 15 à 16 ans, d'une douceur remarquable ; blessé gravement à la jambe, il fut déposé, pendant l'affaire, à côté du capitaine Nicolas, pour lequel il ne cessa de prier. « Puisque je ne puis plus me battre, disait-il, je prierai du moins pour lui et pour les autres. »

Le caporal Allio était aussi brave que modeste ; on eut toutes les peines du monde à le décider à accepter les fonctions de caporal. Blessé d'abord à la tête, il l'enveloppa de sa cravate noire et continua à se battre. Un moment après, blessé au bras, il ne voulut pas quitter le combat, et de la seule main dont il pouvait se servir, il distribuait des cartouches à ses camarades... Allio, devenu prêtre, est mort en 1830, aimé et regretté. J'ignore si le bon petit Le Ray, comme nous l'appelions, vit encore. Hélas ! la liste de ceux qui n'existent plus est bien longue depuis 1815 !

CHAPITRE V.

Auray, le 21 Juin.

Les plus ardents, c'étaient (ô touchante merveille)
Ces jeunes hommes purs, écoliers de la veille,
Qu'un héroïque instinct, qui n'est pas d'ici-bas,
Avait précipités de l'étude aux combats.
Pas un d'entre eux qui n'eût dans sa triste famille
Quelques martyrs aimés dont l'auréole brille;
Quelque prêtre égorgé par un lâche assassin,
Et dont le sang coula sur ce même chemin.
                                        TURQUETY.

LE DÉBARQUEMENT D'ARMES A FOLLEU. — LE PETIT ES-
PION. — L'ARMÉE ROYALE A AURAY. — LE GÉNÉRAL
BIGARRÉ. — LA CHARTREUSE ET LE CHAMP DES MAR-
TYRS. — LES COLLÉGIENS ET LES FÉDÉRÉS DE RENNES.
— LES ÉCOLIERS DÉFENDENT LE PONT DE SAINT-GOUS-
TAN. — LA BATAILLE DE LIGNY. — DEUX ÉCOLIERS PRI-
SONNIERS. — LA POURSUITE.

Les royalistes se hâtèrent de profiter de leur victoire; à
peine s'ils prennent quelque repos. Le lendemain
matin, ils sont à Folleu, sur la Villaine, pour recevoir
ces armes et ces munitions dont ils avaient un si grand
besoin. Des milliers de fusils, de sabres, de gibernes,
des canons, des obusiers, des caissons, une grande
quantité de poudre, sont débarqués aux applaudissements
et à la grande satisfaction de tous. La vue d'une immense
quantité de souliers dont l'armée commençait à manquer
et qui furent distribués de suite causa surtout une
grande joie parmi nous.

Maintenant que les collégiens ont fait leurs preuves, et qu'ils ont été proclamés la première compagnie de l'armée, on leur fait les honneurs des premières caisses de fusils. Tous veulent avoir un de ces *beaux fusils neufs* , sans calculer dans leur empressement inconsidéré, qu'ils sont lourds et pesans; il sera trop tard pour un grand nombre, quand ils feront cette réflexion.

Après ce débarquement si heureusement opéré et les différents convois mis en sûreté, les royalistes ne demandaient qu'à se mesurer avec l'ennemi. Aujourd'hui bien armés et riches en munitions, que peuvent-ils redouter de ces différents corps sortis de Nantes, de Rennes, et dont les têes de colonnes ne sont plus qu'à quelques pas d'eux, à la Roche-Bernard?

Les bleus firent bien de les laisser passer, sans dire mot, et de se dérober devant eux; car maintenant on marche au grand jour, on dédaigne les sentiers détournés, les chemins de traverse; on se donne le luxe des routes royales, sur lesquelles roule de belle et bonne artillerie. Jamais l'armée n'avait été aussi brillante, aussi exaltée, aussi enthousiaste. Les volontaires arrivaient en masse : à Rochefort, où l'armée séjournera plusieurs jours, au milieu de différents corps ennemis qui l'observaient et n'osaient l'attaquer sérieusement, on dansait tous les soirs, et il n'y a pas de médisance à dire qu'un bon nombre d'écoliers ne se firent pas faute de prendre leur part de ces joyeuses danses..... Rochefort était devenu pour nous une petite Capoue; ce serait bien mal de reprocher aux royalistes ces quelques heures de bon temps et de repos; car bientôt ils auront à supporter de rudes fatigues et à livrer de nouveaux combats.

En attendant ces coups à donner ou à recevoir, la police et l'espionnage travaillaient de leur mieux et allaient bon train; tous les jours on en avait de nouvelles preuves. A notre départ des rives de la Villaine et avant d'arriver à Rochefort, les artilleurs avaient arrêté un petit garçon de 13 à 14 ans, qui s'était faufilé au milieu de leurs caissons. Il n'y avait pas de doute, c'était un espion ; mais l'enfant, avec une étonnante présence d'esprit et un grand sang-froid, répondait à toutes les questions, sans se compromettre. Il avait été soigneusement fouillé; on n'avait rien trouvé sur lui ; les menaces et même quelques bourrades ne purent l'intimider. Que faire de cet enfant, que l'on ne peut pas cependant renvoyer par prudence? On l'adresse aux écoliers : le malheureux enfant se mourait de fatigue et d'effroi. Nous l'accueillons avec bonté et on en prit tous les soins possibles. Confié à quelques jeunes élèves d'un caractère doux et insinuant, l'enfant ne tarda pas à se montrer reconnaissant, et, de lui-même, demanda à livrer son secret : il portait, renfermée dans de doubles semelles, une importante correspondance ; les écoliers adoptèrent alors cet enfant, et, comme il n'avait pas de tambour, on donna une caisse au petit espion, déjà presque artiste en baguettes. Plus tard ce jeune homme, qui se conduisit fort bien, entra comme tambour dans la légion de Morbihan.

Au milieu de cette prospérité des royalistes, l'ennemi ne s'endormait pas. Presque tous les jours on échangeait des coups de fusil ; cette tactique de sa part continua jusqu'à ce que le général en chef Bigarré, commandant la 13e division militaire, eut opéré la réunion de toutes ses forces. Pendant que cette attaque se préparait, il arriva de tristes nouvelles de la Vendée.

L'arrêté de Falleron, du 31 mai, terminait la guerre sur la rive gauche de la Loire, et, suivant toutes probabilités, le général Travot viendrait en aide au général Bigarré pour écraser le Morbihan : ce qui mit le comble à nos inquiétudes, ce fut la nouvelle de la mort de Louis de Larochejaquelein, tué le 3 juin au combat des Mathes. Pour nous collégiens, ce nom résumait tout le royalisme, toute la Vendée. Il n'y en avait pas un seul parmi nous, quelque jeune qu'il fût, qui ne répétât souvent avec admiration, avec enthousiasme, ces belles paroles du premier Larochejaquelein, cette héroïque harangue d'un général de 21 ans, commandant à cent mille Vendéens : *« Si j'avance, suivez-moi; si je recule, tuez moi ; si je meurs, vengez moi.* » Y a-t-il quelque chose de plus beau dans l'antiquité ? Heureuse Bretagne, d'avoir donné le jour à de si nobles fils et de leur avoir inspiré de si généreux sentiments !

Devant de si graves événements, le courage des Morbihannais ne faiblira pas. Comme la vertu, l'énergie de ces populations si dévouées semble se retremper dans l'adversité ! Sans cesse de nouveaux corps viennent rejoindre l'armée royale, et les volontaires qui sollicitent des armes comme une faveur sont si nombreux, que toutes les ressources du débarquement de Folleu sont déjà épuisées.

Dans les prévisions de prochaines et inévitables collisions, il fut décidé qu'un nouveau débarquement d'armes et de munitions aurait lieu dans la baie de Carnac.

Dans les mêmes prévisions sans doute, le général Bigarré avait opéré à Ploërmel la réunion d'une nombreuse armée, qui se composait des bataillons d'artillerie de marine venant de Brest et de Lorient, des garnisons de Rennes, de Vannes, de Pontivy, de Saint-Malo et de toutes les troupes disponibles dans la 13e division militaire, et même de plusieurs détachements tirés de Nantes.

Dans ces entrefaites, l'armée royale arriva à Auray et occupa cette ville.

De son côté, le général Bigarré veut l'attaquer avec toutes ses forces divisées en quatre corps. Le principal, qu'il commande lui-même, fort de quatre mille hommes, se portera sur Auray par Grandchamp, le second par Pluvignier, le troisième par Landevant, et le quatrième par Vannes.

Auray est une ville importante par sa position et intéressante par ses souvenirs historiques. A la porte de cette ville, on voit l'ancien couvent de la Chartreuse et son église de Saint-Michel, monument de triomphe et de victoires. C'est là que se décida, le 29 septembre 1364, la grande question, soutenue d'un côté par la France et de l'autre par l'Angleterre, de la souveraineté entre les maisons de Penthièvre et de Montfort. Là périt Charles de Blois : là Duguesclin fut fait prisonnier par Chandos ; mais, comme par compensation, cette petite colline s'appelle encore le cimetière des Anglais. Cette contrée, remplie de calme, riche d'agréables paysages et de vues riantes, serait-elle donc condamnée à n'être célèbre que par des souvenirs de guerres civiles ? Presque à vos pieds, au milieu de ces vertes prairies, qu'on appelle le Champ-des-Martyrs, s'élève encore un autre monument sacré, mais celui-là est un monument de deuil et de regrets.

A Quiberon, les émigrés avaient mis bas les armes sous la foi et les garanties d'une capitulation : au mépris de la foi jurée, en violation de toute justice et de tout droit des gens, les républicains vainqueurs les fusillèrent en masse. C'est dans ces silencieuses vallées que se sont accomplis ces tragiques événements. Cette église solitaire, qui a la forme d'un vaste tombeau, a été élevée pour en perpétuer le souvenir !

Le combat qui va se livrer demain aura pour théâtre ces mêmes champs, témoins de si grandes luttes et de si tristes hécatombes. Le sang français, versé par la main des Français, coulera donc encore dans ces lieux néfastes, sur ce sol, qui serait maudit si la croix n'y dominait de tous côtés en signe de pardon et d'expiation !!!

Dans l'après-midi du 20 juin, les collégiens furent désignés pour défendre le pont de Saint-Goustan, qui devait être le point de la principale attaque, puisque l'ennemi venait d'occuper Sainte-Anne. Mais dans la nuit, le général Bigarré, par une contremarche, se porta sur le pont de Brech, dont il s'empara. Cette manœuvre hardie lui permit de porter toutes ses forces contre l'extrême gauche des royalistes, et décida du sort de la journée.

A la première nouvelle de ce changement de position, les écoliers se replièrent sur Auray et bivouaquèrent toute la nuit sur la grande place de l'Hôtel-de-Ville, où s'était établi le quartier général ; les écoliers en occupèrent les postes. Pour se distraire des ennuis d'un bivouac, au moment d'une bataille qui commençait (il était quatre heures du matin), plusieurs se réunirent dans une salle qui avait servi de théâtre pour déclamer des vers de Racine et de Corneille, au bruit de la fusillade qui se rapprochait de plus en plus : que la jeunesse a d'heureux priviléges !

Depuis bientôt deux heures la bataille était commencée. L'ordre arriva enfin à la légion Margadel de se porter en avant. Malgré des efforts désespérés, Cadoudal, Gambert, Sécillon, de Francheville, Galles et le Thiec, qui malheureusement n'avaient pu se présenter en bataille qu'isolément et successivement, avaient été obligés de céder à un ennemi plus nombreux, marchant en colonnes serrées. Le feu des royalistes ava t cependant été terrible dans ces attaques successives ; la légion Margadel, à la tête de laquelle marchaient toujours les écoliers, s'avance pour couvrir la position de la Chartreuse, défendue par une demi-batterie. Les écoliers sont placés en avant, sur une petite colline dominant le Champ-des-Martyrs.

Déjà les tirailleurs ennemis débordent cette position de tous les côtés, et la colonne serrée continuait de s'avancer : les collégiens sont en face. Alors commença une fusillade acharnée entre ceux-ci et des fédérés de Rennes, élèves des écoles de droit et de médecine de cette ville. Cette lutte, si elle se fût prolongée, eût été affreuse ; heureusement la retraite fut ordonnée, et les collégiens obligés de suivre le mouvement. Dans cette triste mêlée furent tués le sous-lieutenant Questel, le caporal Colomban-Rio et Grégoire. Les fédérés furent encore plus maltraités ; le général Bigarré reçut une blessure presque mortelle.

Les écoliers, pour retarder autant que possible la marche de l'ennemi, s'embusquèrent dans les jardins de la Chartreuse : chose singulière ! ce fut à l'abri de ces petits pavillons, habités autrefois dans le silence et la solitude par de pieux cénobites, qu'ils purent un instant pro'onger leur résistance. Les pieuses ombres des anciens habitants de ces lieux, où régnaient le calme et la paix, durent s'indigner de voir troubler leur repos par ces bruits de guerre et de carnage !

A l'entrée d'Auray, le comte de Francheville, avec à peine deux cents hommes, put retarder une demi-heure la marche victorieuse de l'ennemi, qui pénétra enfin dans la ville. MM. de Moëslien, de Langle, Ducoëlic, Dagoru, à la tête de quelques braves qu'ils ont réunis, par un suprême effort, veulent encore dans les rues résister à l'ennemi ; ils périssent tous... De Moëslien seul survit miraculeusement à sept blessures.

C'en était fait, la victoire s'était prononcée contre les royalistes, dont toutes les lignes ont été rompues : forcés de se replier dans différentes directions, ils laissent l'ennemi prendre possession de la ville d'Auray.

Vers midi, les écoliers passèrent le pont de Saint-Goustan, avec ordre d'en disputer le passage à l'ennemi. Ce pont était destiné à être un théâtre de guerre pour les écoliers : la veille, ils devaient y combattre pour empêcher l'ennemi de pénétrer dans la ville, aujourd'hui c'est pour l'empêcher d'en sortir.

Les collégiens s'emparent donc des maisons du faubourg qui commandent le pont et s'y défendent avec acharnement, jusqu'à cinq heures du soir, non sans voir s'augmenter le nombre de leurs camarades blessés, entre autres le brave Mahé, de Vannes, qui reçut à la main une dangereuse blessure, et Jiquello, qui fut blessé à la tête.

Dans cette circonstance critique, un jeune caporal de la compagnie, Guillôme, aujourd'hui curé de Kergrist, donna une preuve bien remarquable de courage et de présence d'esprit. Ce brave écolier rallia un assez grand nombre de marins, à la tête desquels il fit pendant plusieurs heures une résistance opiniâtre qui empêcha l'ennemi de faire sa jonction avec la colonne sortie de Vannes.

Il fallut enfin se décider à quitter ce poste dangereux ; car une fusillade, se rapprochant de plus en plus sur nos derrières, annonçait la prochaine arrivée d'une nouvelle colonne ennemie ; un fort détachement d'écoliers fut envoyé en tirailleurs contre ces troupes, pour couvrir notre retraite sur Sainte-Anne et Plumergat. Il y eut encore des écoliers blessés dans cette dernière rencontre; mais les écoliers avaient fait leur devoir; s'ils avaient été les derniers à se présenter au combat, ils furent aussi les derniers de tous à le soutenir.

Nous arrivâmes à Plumergat, harassés de fatigues et remplis d'inquiétudes sur le sort d'un grand nombre de nos camarades que nous savions blessés; et, pour que rien ne manquât à nos pertes, deux de nos camarades furent faits prisonniers. L'un était le caporal Dagorn, brave et énergique jeune homme; l'autre Le Lohé, à peine remis de la blessure qu'il avait reçue à Redon. Ils furent pris en voulant traverser un petit bras de mer. Avant de se rendre, ils jetèrent à l'eau toutes leurs armes, disant ironiquement aux soldats qui les arrêtaient *qu'on ne pouvait pas les accuser d'avoir été pris les armes à la main*. Après l'affaire de Sainte-Anne, les royalistes avaient renvoyé tous les prisonniers sans exception; les bonapartistes ne furent pas si généreux, nos condisciples restèrent en prison jusqu'à la pacification...

Plus de vingt-cinq ans après ces événements, l'écolier qui avait été le capitaine de ses camarades, et, comme beaucoup d'entre eux, devenu prêtre, se rencontra à Versailles avec M. D. V., homme distingué par ses qualités personnelles et ses talents d'artiste, comme peintre et statuaire. On parlait de la Bretagne dans cette réunion.

« Vous aimez donc bien votre pays? dit à l'ecclésiastique M. D. V. Moi aussi j'aime la Bretagne, quoique j'aie pensé y laisser mes os, non pas dans mon lit, mais au combat d'Auray, où je fus blessé dangereusement en 1815. »

A ce mot de *combat d'Auray*, le prêtre inquiet demanda, par mesure de précaution, sous quel drapeau servait son interlocuteur à cette époque. « C'était sous le drapeau impérial, répondit-il. J'avais 17 ans, j'étais au collége de Rennes; fils d'un officier supérieur de la garde, mon père m'avait appris à adorer l'empereur... J'entrai donc dans les fédérés pour aller combattre le collége de Vannes, qui s'était insurgé pour les Bourbons.

» A l'attaque d'Auray, les fédérés de Rennes obtinrent du général Bigarré de marcher en tête pour se mesurer avec les collégiens de Vannes, qui se trouvaient aussi en avant du côté des royalistes. J'aperçois à quelques pas des siens le capitaine des écoliers : je le vois encore (il ne savait pas si bien dire), vêtu d'un habit noir, un fusil à la main, un ruban blanc au bras gauche ; poussé par mon enthousiasme, je devance les miens, et, presque à bout portant, je tire sur l'officier des collégiens : il me riposte en même temps, et je tombe frappé d'une balle qui me traversa le corps : quant à lui, j'ignore s'il a été tué où seulement blessé. »

Le prêtre écoutait avec une grande émotion le récit d'un fait qui n'était jamais sorti de sa mémoire ; mais son émotion était de joie et de bonheur ! Il avait toujours cru avoir tué son antagoniste, et, depuis qu'il était prêtre, il n'avait jamais manqué, le 21 juin, de dire la messe pour le repos de l'âme de cette victime inconnue. Plus heureux que M. D. V..., le coup de fusil de celui-ci n'avait emporté qu'une basque de l'habit, en effleurant seulement la jambe gauche.

Sa joie est grande maintenant de savoir que *tous ses De Profundis* avaient été sans objet, et connaissant les généreux sentiments de M. D. V..., il n'hésite pas à lui avouer la part qu'il avait prise dans cette fatale rencontre. *Les deux ennemis*, facilement réconciliés, sans rancune, mais non sans être émus jusqu'aux larmes, ainsi que les témoins de cette singulière explication, s'embrassèrent de tout leur cœur. Puissent tous les Français que les entraînements politiques ont divisés et rendus ennemis se réunir ainsi et s'aimer comme les enfants d'une même patrie !

Les conséquences de la bataille d'Auray ne furent pas aussi désastreuses pour les royalistes qu'on aurait pu le craindre d'abord. Les ennemis avaient éprouvé une perte triple au moins en morts et en blessés, et comme leurs munitions se trouvèrent épuisées, le général Rousseau, qui remplaça le général Bigarré, ne put se mettre à leur poursuite que deux jours après : les royalistes en profitèrent pour se reconnaître.

Ce fut dans ces circonstances que l'on apprit la victoire de Ligny. Cette victoire, annoncée par les journaux comme décisive, devait amener de terribles conséquences et causer la ruine des espérances royalistes. Le Morbihan ne s'émeut de ces bruits que pour puiser dans son dévouement une nouvelle force et un nouveau courage. Napoléon a triomphé! Le pays entier va se lever pour combattre le colosse victorieux, et dans quelques jours l'armée royale comptera près de vingt mille hommes! Singulière destinée du Morbihan de se trouver debout devant Napoléon, au commencement et à la fin de sa carrière! Le premier consul, en saisissant le pouvoir, ne trouve d'opposition à sa naissante puissance que dans le Morbihan, qui lui oppose une armée de vingt-cinq mille hommes : Bonaparte traite avec Georges, qui se soumet pour ne pas consommer la ruine du pays. L'empire a passé avec toutes ses grandeurs et ses gloires; Napoléon veut ressaisir ce pouvoir qu'il a abdiqué, le Morbihan lui résiste de nouveau!

Quant aux écoliers, ils combattront jusqu'à la fin, quoi qu'il arrive! et lorsque le triomphe de Napoléon aura rendu la lutte impossible, ils s'exileront volontairement : les uns iront en Russie chercher la fortune comme professeurs; les autres, qui ne veulent pas renoncer à la vocation ecclésiastique, iront à Rome, d'où ils repartiront comme missionnaires pour aller porter l'Evangile chez les peuples barbares. Ce parti pris et arrêté, les collégiens reprennent leurs armes avec un nouvel enthousiasme et un courage retrempé dans l'adversité. Heureusement ils ne seront pas réduits à ces extrémités; car les fils de saint Louis remonteront sur leur trône pour cicatriser les plaies de la France et lui rendre la paix et ses libertés.

Sans nous laisser le temps de respirer, le général Rousseau commença la poursuite. Ce fut le 24 juin au matin que l'ennemi, bien supérieur en forces, se montra à une demi-lieue de Saint-Jean-de-Brevelay, où les royalistes avaient passé la nuit. A la vue de l'ennemi, il fallut se remettre en route : les écoliers se trouvèrent souvent d'arrière-garde pendant les marches forcées de cette retraite; à chaque instant du jour et de la nuit, il fallait faire le coup de fu-il; le 25 juin, on ne dut d'éviter un combat général qu'au courage du commandant de la Voltais, qui fit rompre le pont de la Ville Jacob sous le feu même de l'ennemi.

Pendant ces marches continuelles qui durèrent jusqu'à la fin du mois, on trouvait à peine le moment de prendre un peu de sommeil. Pendant ces huit jours on ne quitta ses vêtements ni jour ni nuit, et on avait beaucoup de d'fficultés à se procurer des vivres, surtout quand on était à l'arrière-garde : mais le courage des écoliers ne faillit pas dans ces jours de détresse. Nous reçûmes alors des preuves de la sympathie et de l'intérêt que nous inspirions au clergé : dans tous les bourgs, dans tous les villages, les bons pasteurs avaient soin de conserver des vivres pour les collégiens; il serait impossible de perdre le souvenir de tant de bontés et de tant de sollicitude de la part des vénérables prêtres du Morbihan; les écoliers n'oublieront pas non plus que des blessés et les plus fatigués d'entre eux trouvèrent un précieux asile au château de Lambilly, et que, grâce à la généreuse hospitalité de MM. de Saint-Georges, à leur château de Pluvigner, la compagnie put se remettre de ses fatigues et se refaire des privations qu'elle venait d'endurer.

Heureusement, le 27 juin, Gambert rejoignit l'armée avec un bataillon de 600 hommes, tous vieux soldats, qui se chargèrent de protéger la retraite; une habile contre-marche, favorisée par la forêt d'Elven, mit enfin l'armée à l'abri de cette poursuite incessante.

Quelques jours après, l'armée royale se trouva plus forte que jamais. Loin maintenant de redouter une attaque, elle se porta vers la côte ; pour occuper de nouveau la ville d'Auray, elle traversa le champ de bataille du 21, encore tout remué, tout bouleversé et tout couvert de débris.

CHAPITRE VI.

La Pacification.

« Surtout, pontifes saints, point d'hymnes de victoire ;
« Mais dites en pleurant la messe expiatoire
« De ces fureurs de sang par qui sont envahis
« Les fils d'un même père et d'un même pays !
« Puis ces jeunes vainqueurs, purifiés et calmes,
« Aux marches de l'autel iront cueillir leurs palmes. »
BRIZEUX.

L'ARMÉE ROYALE REPREND L'OFFENSIVE. — WATERLOO. ATTAQUE DU 5 JUILLET. — M. LEGAL A MUSILLAC. — LES CARABINES. — RENTRÉE DES ÉCOLIERS A VANNES. — UNE MESSE SUR LA RABINE. — MORT DU JEUNE CANDAL. — RÉCOMPENSES ACCORDÉES AU COLLÉGE. — ORDONNANCE DU ROI.

Le désastre de Waterloo et l'abdication de Napoléon étaient connus depuis le 25 juin. Nous devions espérer qu'en conséquence de ces grands événements, la lutte devait cesser dans le Morbihan ; que la cause pour laquelle nous combattions les uns et les autres serait décidée ailleurs, et que verser encore le sang français était un crime inutile : il n'en fut pas ainsi du côté des bonapartistes ! L'ennemi tentera encore la fortune des armes, et ne reculera pas devant une terrible responsabilité ; il veut, à tout prix, sacrifier à ses instincts, à ses haines révolutionnaires contre les Bourbons.

Le 5 juillet, près de trois semaines après la bataille de

Waterloo, toutes les forces bonapartistes se réunirent à Grand-Champ pour attaquer les royalistes. En voyant cette odieuse aggression, cette soif d'une inutile vengeance, nous nous demandions quel nom il fallait donner à ces soldats ennemis? ils n'étaient plus les défenseurs de Napoléon, dont la cause perdue sans retour était abandonnée de lui-même, de Nap léon, tombé si bas, qu'il avait reçu le coup de grâce de Lafayette... ce dernier coup, réservé encore à un autre souverain qui tombera aussi du trône, ce suprême coup de pied, auquel, selon les lois de l'éternelle justice, n'échappera pas non plus celui qui a eu le malheur d'être appelé le héros des Deux-Mondes!

Ils n'étaient pas non plus les soldats du roi de France; puisqu'ils continuaient à attaquer le drapeau blanc, flottant déjà dans tout le royaume. Pour quel souverain, pour quel principe, voulaient-ils donc encore faire couler le sang français? A l'éternelle honte de ces faux libéraux, c'était, a-t-on dit depuis, pour un Cobourg, pour un Brunswick, pour un d'Orange? ils auraient pris le Grand-Turc pour roi, pourvu qu'il ne fût pas un fils de saint Louis ou d'Henri IV!

Le général Bigarré avait cependant, depuis plusieurs jours, reçu cette réponse péremptoire du général de Sol. « Les ordres du roi, votre maître et le mien, me pres-
» crivent la conduite que j'ai à tenir. Je vous avertis
» seulement que vous répondrez devant lui de tout le
» sang qui sera versé à dater de ce jour. »

Les royalistes, toujours nationaux avant tout, vont leur donner une bonne leçon. Pendant que l'on tient en échec deux des colonnes ennemies, les royalistes se portent sur Plescop pour culbuter la troisième. Ils sont pleins d'ardeur, et désirent vivement réparer la défaite d'Auray. Les écoliers partagent cet enthousiasme général; ils sont au premier rang! aussi c'est au pas de course, la baïonnette en avant, qu'ils se précipitent sur l'ennemi. Celui-ci a bientôt compris qu'il n'a d'autre ressource que la fuite; il jette ses armes et disparaît de tous côtés, en se cachant dans les blés et dans les bois. Disperser cette colonne fut l'affaire d'un moment ; on dirait qu'el e avait la conscience de sa mauvaise cause. Quelques fuyards purent arriver jusqu'à Vannes, et y donner l'alarme. Ils furent poursuivis de près, et les écoliers ne furent pas les moins acharnés. Plusieurs d'entre eux arrivèrent jusque sous les murs du collége, et firent le coup de feu avec les soldats qui l'occupaient et le défendaient. Quel triomphe pour eux s'ils avaient pu reprendre leur collége d'assaut ! Cette idée nous souriait beaucoup.

Désormais du moins les bonapartistes n'osèrent plus sortir des villes fortifiées : les royalistes sont maîtres de tout le département. Quelques rencontres sans importance eurent lieu cependant, qui firent éprouver encore aux écoliers des pertes bien sensibles. Le frère jumeau du capitaine Nicolas, blessé à Mus llac, avait été près de sa mère pour la consoler et se reposer lui-même de sa blessure; à peine rétabli , il revient à l'armée pour périr comme son frère !

Cependant, des entrevues et des négociations entre les bleus et les royalistes avaient eu lieu à plusieurs reprises sans amener de résultats. Le préfet du Morbihan pria alors M. Le Gal, premier vicaire général et supérieur du grand séminaire, vieillard environné de la confiance générale et de la vénération de tout le clergé, de ménager une pacification. Ce choix eût été parfait si les propositions dont il était porteur eussent été admissibles. Le bruit courut qu'elles étaient de telle nature, que le conseil des généraux les repoussa avec d'autant plus d'indignation, qu'il apprit en même temps que le général Rousseau, dans la vue de les appuyer, marchait contre les royalistes à la tête de 10,000 hommes. L'alarme est aussitôt donnée; la générale est battue; tous courent aux armes : M. Le Gal est oublié; il semble que tout le monde le repousse comme le complice des bonapartistes. Un si mauvais résultat fut pour le supérieur du séminaire la cause d'un amer désappointement.

Au sortir de la conférence, frappé de ces bruits de

guerre, de ces préparatifs de combat, le vieillard se trouva mal. Les écoliers qui avaient appris son arrivée, s'empressèrent de l'environner de prévenances et de respect. Au moment de son départ, plusieurs voulurent lui faire cortège jusqu'aux avant-postes, et comme, suivant les réglemens militaires, il devait avoir les yeux couverts pour les traverser, les collégiens se montrèrent un peu larges sur l'exécution rigoureuse des réglemens. Ce fut pour eux un événement d'avoir, dans un moment critique, protégé, pour ainsi dire, cet ecclésiastique si haut placé dans leur vénération, comme dans l'opinion publique. Leur conduite au surplus fut, dans cette circonstance, généralement approuvée. La ville de Musillac était destinée à être pour les collégiens un théâtre d'émotions et d'événements.

Vers la mi juillet, on achevait de débarquer les munitions promises par le roi à son armée du Morbihan. Ce dernier débarquement s'opéra tout près de Musillac, sur les côtes de Billiers, où fut autrefois la célèbre abbaye de Notre-Dame-de Prières, dont l'église s'élevait encore alors avec majesté sur ces rivages solitaires.

Parmi les armes débarquées, il y avait un certain nombre de légères et élégantes carabines. Les collégiens demandèrent à remplacer par ces nouvelles armes leurs fusils de gros calibre. Cette demande était juste, et elle fut faite en termes convenables ; cependant on refusa d'y acquiescer, en donnant pour raison, que ces carabines étaient destinées à armer *une nouvelle compagnie qui s'organisait*. Ce corps était de si récente création et devait se former *de recrues si nouvellement arrivées*, que ce refus parut aux collégiens un déni de justice, et leur causa une bien vive contrariété ; quelques-uns des plus ardents firent entendre des murmures et des plaintes. Heureusement tout cela ne sortit pas du cercle de la compagnie, et se passa pour ainsi dire entre nous. M. de Margadel prouva en cette circonstance combien était grande son influence sur l'esprit et le cœur de ces jeunes gens qu'il aimait à appeler ses enfants. Quelques représentations de sa part calmèrent promptement toute irritation, et en firent bientôt disparaître les dernières traces ; une réaction ne tarda même pas à s'opérer dans l'esprit des écoliers ; n'était-il pas plus honorable, plus digne et plus glorieux pour eux de conserver jusqu'à la fin ces fusils si lourds, avec lesquels ils avaient combattu depuis le commencement de la campagne ?

Heureusement la guerre était enfin terminée ; le 22 juillet, par suite d'une convention entre les généraux Bigarré et de Sol, l'armée royale fit son entrée à Vannes. Les écoliers étaient en tête et eurent les honneurs de la journée. Au milieu de la curiosité générale et de l'intérêt universel dont ils étaient l'objet, la physionomie des collégiens n'exprime ni la joie ni l'assurance de la victoire et du triomphe. Il en fut ainsi de toute l'armée. Le roi était revenu... Mais la France n'était-elle pas humiliée et envahie ? Ils n'éprouvent qu'un sentiment de véritable plaisir, de bonheur peut être, et on doit bien le pardonner à ces jeunes collégiens : ils vont donc rentrer vainqueurs dans leur collége dont ils ont été presque chassés, il y a trois mois, dans ce collége dont on avait fait une caserne...

Mais ces vainqueurs avaient une singulière tournure ! Leurs vêtemens étaient presque en lambeaux, leurs visages noircis, leurs figures halées et fatiguées. Tel qui était parti imberbe avait maintenant des moustaches dont il était fier : un autre avait grandi démesurément : celui-là avait perdu complétement son enbompoint : les blessés avaient aussi voulu faire partie du cortége, les uns le bras en écharpe, les autres la tête enveloppée.

En avant de notre compagnie marchaient notre principal et nos professeurs, venus à notre rencontre à plus de deux lieues de la ville : les petits écoliers, qui n'avaient pu se battre, s'étaient glissés au milieu des autres, et portaient en triomphe quelques-unes de leurs armes. Tout cela produisit un grand effet sur la population accourue de toutes parts. On applaudissait sur leur passage, on pleurait en les voyant, en les reconnaissant, en les nommant. Les mères, les sœurs étaient impatientes de se précipiter dans les bras de leurs fils ou de leurs frères : toutes les femmes en général étaient attendries, et bien des hommes regardaient avec envie ces jeunes écoliers, au dévouement si généreux, au courage, à la fidélité si éprouvés : les soldats même, qu'ils avaient naguère combattus, leur témoignaient une vive et bien honorable sympathie.

Le lendemain de cette rentrée solennelle au chef-lieu du département, les écoliers, fidèles à leurs sentiments de piété, voulurent en donner une manifestation. Quel bonheur pour eux s'ils avaient pu entrer militairement et au bruit du tambour dans leur belle église du collége! Mais hélas! l'édifice sacré avait eu le même sort que le temple des muses ; elle avait été transformée en magasin d'artillerie. Ce fut donc dans l'église paroissiale de Saint-Patern qu'ils se rendirent en armes, et qu'ils assistèrent à la messe d'actions de grâce pour leur heureux retour. Pieuse manifestation, qui ne fut que le prélude d'une autre cérémonie religieuse bien autrement solennelle et importante!

Là où la politique ne peut plus rien pour réprimer les passions qu'elle a soulevées, la religion est toute puissante pour ramener les esprits, étouffer les discordes et préparer les cœurs à la réconciliation. C'est donc pour atteindre ce but si désirable, et opérer un rapprochement entre les deux armées, que l'on prépare, pour le 30 juillet, une pieuse et imposante solennité! Au milieu de la belle promenade de la Rabine, à l'ombre de ses beaux arbres qui se prolongent sur les quais, s'élève un autel, sur lequel l'évêque, environné de toutes les pompes catholiques, va célébrer la messe et chanter le cantique de la réconciliation. C'est au son des cloches et de la musique militaire, au bruit des tambours et du canon que font tonner les deux armées, que se sont réunis en masse tous les différents corps. Au poste d'honneur, sur les degrés même du sanctuaire, sont les collégiens en armes et avec leur drapeau : ils partagent cet heureux privilége avec les plus beaux grenadiers, avec les plus vieux soldats. Ceux-ci regardent avec étonnement, avec envie peut-être, ces enfants qui se sont battus avec un courage au-dessus de leur âge, et qu'ils savent bien être sans ambition, sans vanité. Mais ces jeunes écoliers sont bien fiers et bien heureux de se trouver les plus près de l'autel, au premier rang, avec des vétérans couverts d'honorables blessures, avec de vieux soldats accoutumés aux dangers des batailles. Pouvaient-ils, ces collégiens, aujourd'hui si glorifiés, terminer d'une manière plus digne et plus heureuse leur entreprise guerrière, commencée au risque de leur vie, de leur liberté et de leur avenir !

Ce fut au sortir de cette cérémonie que les troupes bonapartistes arborèrent la cocarde blanche ; ce fut aussi cette cérémonie qui fut le terme de la vie militaire des collégiens de Vannes et de leur aventureuse expédition : *Cedant arma togæ.*

Mais les joies et les triomphes de ce monde sont de courte durée, et le lendemain d'un jour brillant et heureux est souvent un jour de tristesse et de larmes ! Il en fut ainsi pour les collégiens de Vannes. Ils venaient d'abdiquer, dans les joies d'avoir vu l'accomplissement de leurs désirs, cette carrière des armes qui ne devait être qu'un simple événement de leur existence, pour recommencer sérieusement la vie réelle : les uns vont embrasser une profession ; les autres vont reprendre le cours de leurs études interrompues ; mais ils doivent encore se réunir une dernière fois, pour pleurer sur l'instabilité des choses humaines.

Un élève de seize ans au plus, le neveu du digne et respectable curé d'Auray, qui pleure encore aujourd'hui cet enfant enlevé à ses plus chères espérances, le jeune Candal avait fait toute la campagne ; il s'était fait remarquer par son courage, sa douceur : son âme était belle, son cœur parfait : ses traits avaient une rare beauté, toute sa personne une grande distinction ; à Musillac, on l'avait vu empressé de secourir les blessés abandon-

nés. C'est pour lui que sont ces beaux vers que Brizeux
a consacrés au collége de Vannes :

> Le sang de ce soldat, couché dans ces sillons,
> Le doux Candal l'essuie avec ses cheveux blonds...

La mort vient de frapper ce généreux enfant : il a
succombé sous le poids des fatigues éprouvées pendant
cette guerre ! quelle douleur pour les collégiens ! quels
regrets pour ce cher condisciple qui leur est encore enlevé par la mort ! On n'a pas mis une épée sur son cer-
cueil : ces jeunes gens éplorés qui l'accompagnent ne
sont plus des soldats ! une simple couronne de fleurs
blanches rappelle les douces vertus du jeune Candal.

Il semble que rien ne peut échapper à cette nécessité
qui entraîne les choses humaines vers leur décadence et
leur ruine.

Depuis deux cent cinquante ans, le collége de Vannes
était un des plus florissants colléges de France ; il vient
de donner au gouvernement royal rétabli des preuves
du bon esprit et du dévouement qui inspirent et animent
ses élèves. Le gouvernement a applaudi à ses efforts, a
récompensé , préconisé ce dévouement ; et voilà que le
moment qui devait être l'apogée de sa gloire, est la première heure d'une ruine et d'une fatale décadence.

Dès l'année même de 1815, quelques jours après les
événements que ces souvenirs ont retracés, les pères de
la Société de Jésus fondèrent à Sainte-Anne, un collége
qui, dès son début, compta trois à quatre cents élèves.
Dès le même temps encore, il s'éleva à Lorient un autre
collége, qui a si bien prospéré qu'il s'appelle aujourd'hui
le collége d'Aumale.

La création de ces deux établissements porta un coup
mortel à la prospérité séculaire de celui de Vannes, et
mit fin à la brillante existence d'une institution célèbre,
que l'on a pu, à juste-titre, appeler *le grand collége de
Vannes.*

Sous l'impression de la belle conduite des élèves de
1815, il avait été arrêté qu'il serait élevé un monument

religieux en mémoire de ceux des élèves qui avaient succombé dans les combats ; que leurs noms y seraient inscrits, que le drapeau des collégiens serait appendu aux voûtes de l'église, que leurs armes seraient conservées dans le collége pour servir aux élèves dans les grandes occasions, dans les grandes solennités ; que le 27 juin, à perpétuité, serait un jour de fête et de congé, et que lecture solennelle serait faite de l'ordonnance royale, en présence des autorités ; que des bourses seraient réservées aux fils des collégiens de 1815... tout cela a été bientôt oublié et effacé, aussi bien que les trois croix d'honneur du collége, burinées cependant sur l'entrée principale. Mais ce qui demeurera toujours, pour la gloire du collége de Vannes, ce que le temps ne pourra ni altérer ni effacer, c'est qu'en 1815 les élèves de cette mémorable époque ont combattu avec générosité, avec désintéressement, avec courage, pour la monarchie, la charte, et les libertés religieuses et nationales ! *Pro Deo et rege.*

Pour ceux de ces élèves qui survivent encore, je crois qu'il reste un devoir à remplir, et c'est une pieuse reconnaissance qui le leur impose. Le capitaine Nicolas, mort en combattant à notre tête, repose au cimetière de Bourg-Paul, dans une tombe qui n'est même plus surmontée d'une simple croix. Désirant, il y a quelques années, visiter cette sépulture d'un ami, d'un condisciple dont la mort honore le collége, j'ai pu retrouver à peine les dernières traces de cette tombe aujourd'hui presque perdue, ignorée. L'érection d'un simple monument attesterait du moins que nous n'avons oublié ni notre digne capitaine, ni nos chers camarades frappés comme lui dans les combats.

Je termine ces souvenirs en donnant ici le texte de l'ordonnance royale, qui sera pour le collége de Vannes, un titre impérissable d'honneur et de gloire.

ORDONNANCE DU ROI LOUIS XVIII,

en date du 27 juin 1816.

Louis, par la grâce de Dieu, etc.

Pendant les tems malheureux qui ont suivi la funeste époque du 20 mars 1815, les élèves du collége de Vannes, formés en compagnie, armés et équipés à leurs frais, ont fait partie de l'armée royale, dans le Morbihan, et ont combattu avec courage. Six d'entre eux sont morts glorieusement ; un grand nombre a reçu d'honorables blessures ; tous ont donné des preuves de leur fidélité et de leur attachement au gouvernement légitime. Voulant manifester la satisfaction que nous avons éprouvée de ce courageux dévouement, et en assurer le souvenir.

Sur le rapport de notre ministre secrétaire-d'état au département de l'intérieur,

Nous avons ordonné et ordonnons ce qui suit :

ARTICLE PREMIER. — Des pensions annuelles sont accordées sur le trésor royal aux parens des six élèves qui ont péri dans les différents combats auxquels la compagnie a pris part. Savoir :

Une pension de 600 fr. à la mère des frères jumeaux Nicolas (Jean-Marie et Yves), le premier, capitaine, tué le 10 juin ; le second, caporal, tué le 6 juillet 1815. Cette pension sera reversible à son troisième fils.

Une pension de 400 fr. aux frères et beaux-frères du sous-lieutenant Questel, tué le 21 juin.

Une pension de 400 fr. au père de Le Thiec (Jacques), sergent, tué le 10 juin.

Une pension de 400 fr. à la mère de Grégoire (Laurent), fusilier, tué le 21 juin.

Une pension de 400 fr. à la mère de Rio (Colomban), caporal, tué le 21 juin.

Art. 2. — Les sieurs Bainvel (Pierre-Marie), capitaine ; Lequellec (Jean-Louis), lieutenant ; Rio (François-Alexis), sous-lieutenant de la compagnie des élèves du collége de Vannes, sont nommés chevaliers de la légion-d'honneur.

Art. 3. — Le collége communal de Vannes portera à l'avenir le nom de *Collége royal communal*.

Art. 4. — Le conseil-général du département du Morbihan est autorisé à fonder dans le collége royal communal de Vannes six bourses auxquelles nous nommerons d'après la présentation du préfet et sur le rapport de notre ministre secrétaire d'état de l'intérieur. Ces bourses seront accordées de préférence à des élèves qui ont fait partie de la compagnie, et, dans la suite, à des enfants issus des familles qui ont fourni des combattants pendant les cent jours.

Donné en notre château des Tuileries, le 27e jour du mois de juin de l'an de grâce 1816, et de notre règne le 22e.

Signé Louis.

Par le roi :

Le ministre secrétaire-d'état au département de l'intérieur,

Signé Lainé.